青少年篮球体能、技能评定标准（7～18岁）

Assessment Standard of Juvenile Basketball Physical Fitness and Skills (7－18)

2版（修订本）

北京市篮球运动协会　颁布

北京体育大学出版社

策划编辑　王英峰
责任编辑　王英峰　邓琳娜
责任校对　陈晓旭
版式设计　久书鑫

图书在版编目（CIP）数据

青少年篮球体能、技能评定标准：7－18岁／北京市篮球运动协会颁布. －－2版（修订本）. －－北京：北京体育大学出版社，2022.1
ISBN 978－7－5644－3547－9

Ⅰ. ①青…　Ⅱ. ①北…　Ⅲ. ①青少年－篮球运动－评价标准 Ⅳ. ①G841－65

中国版本图书馆CIP数据核字（2021）第270126号

青少年篮球体能、技能评定标准（7～18岁）2版（修订本）
QINGSHAONIAN LANQIU TINENG JINENG PINGDING BIAOZHUN（7～18 SUI）
北京市篮球运动协会　颁布

出版发行：北京体育大学出版社
地　　址：北京市海淀区农大南路1号院2号楼2层办公B－212
邮　　编：100084
网　　址：http：//cbs. bsu. edu. cn
编 辑 部：010－62989415
发 行 部：010－62989320
邮 购 部：北京体育大学出版社读者服务部 010－62989432
印　　刷：唐山玺诚印务有限公司
开　　本：710mm×1000mm　1/16
成品尺寸：240mm×170mm
印　　张：12
字　　数：202千字
版　　次：2022年1月第2版
印　　次：2022年1月第1次印刷
定　　价：58.00元

编审委员会

编写说明

“少年强则中国强”，青少年是国家的未来，民族的希望。在青少年发展过程中，体育扮演着重要的角色与作用。但随着生活方式、习惯的改变，现阶段青少年体育发展中遇到的问题越来越严重，近 30 年来青少年体质不断下降的事实使得青少年体质的相关研究成为我国现阶段体育工作的重要任务与突破口，是我国体育事业实现“体育大国”向“体育强国”转变的重要组成部分。

2016 年 4 月 21 日出台的《国务院办公厅关于强化学校体育促进学生身心健康全面发展的意见》中强调，学校体育要坚持培养兴趣与提高技能相促进，强化政府责任，统一基本标准。教学中注重运动技能学习，重视实践练习，研究制定运动项目教学指南，让学生熟练掌握一至两项运动技能，努力提高体育教学质量。考核中完善考试评价办法，构建课内外相结合、各学段相衔接的学校体育考核评价体系，完善和规范体育运动项目考核和学业水平考试，发挥体育考试的导向作用。

2016 年 9 月国家体育总局发布的《青少年体育“十三五”规划》中指出，青少年体育的发展要大力推动开展足球、篮球、排球等集体项目，建立健全青少年体育发展水平评价标准和制度，形成完善的监督检查和评估机制，完善各级各类青少年训练水平评价标准办法。

篮球项目在我国有着较好的群众基础。篮球技能的发展，需要体能、技术、心理等做支撑。虽然国务院、国家体育总局等强调专项考核标准的建立，但现阶段全国范围内的篮球专项总体表现为教材稀缺，教学效果评定体系不健全且多针对青少年篮球专业运动员，普通学生无评定标准。虽然校园篮球参与人数多，开展篮球培训的俱乐部如雨后春笋，但最终形成篮球技能的人数较少。尤其是大量的篮球培训机构为了迎合消费者，以外籍教练、球星教学、“NBA 训练模式”等为噱头，强调训练方式的花样，增加了青少年家庭的经济投入，但培训效果却无人监督。大多数青少年培训完成后形成的体能无法支撑比赛，掌握的技能碎片化，实用性低，既浪费了青少年的时间、金钱，也阻碍了篮球项目的有序发展。

综上可见，第一，现阶段我国青少年的体质不断下降，国家和政府对青少年体质越来越重视；第二，当今日益激烈的篮球比赛对青少年篮球运动员的身体素质要求越来越高；第三，虽然青少年篮球项目参与人数较多，但现阶段篮球项目体能评定标准多针对专业的青少年篮球运动员，对普通学生的适应性不足。因此，开展青少年篮球体能、技能评定标准的研究，具有一定的理论意义及实践意义。

根据北京市青少年篮球发展中出现的问题，在北京市体育局的大力支持下，北京市篮球运动协会于 2017 年开始筹备青少年篮球体能、技能评定标准。2017 年 10 月开始在北京中小学中进行测试，历经 1 年的时间测试了北京市 1600 余名青少年，制定了青少年体能、技能评定标准（7 ~ 18 岁）。经过多轮专家论证，该标准由北京市篮球运动协会于 2018 年 12 月 28 日正式对外发布。

北京市青少年篮球体能、技能评定标准的顺利制定与实施，为青少年篮球的培养提供了方向，为青少年篮球的健康发展提供了有利的支撑，进一步规范了青少年篮球培训市场。

青少年篮球体能、技能评定标准（7 ~ 18 岁）编写工作由北京市篮球运动协会孙国华主席、王守恒副主席、北京市体育局青少处苏峻处长主持，周龙峰（首都体育学院）任组长。参与人员有薛正武（首都体育学院）、张菲菲（北京市篮球运动协会）、王路震（阜阳师范大学体育学院）、曾佳（首都体育学院）、洪月星（首都体育学院）、孙兆亚（首都体育学院）、赵伟（芳草地国际学校世纪小学）、刘志浩（首都体育学院）、陈琛（首都体育学院）、冯兆龙（北京市东直门中学）、申国瑞（北京市人大附中西山学校）、陈寅晖（芳草地国际学校万和城实验小学）、刘银龙（蓄力篮球训练营）。

青少年篮球体能、技能评定标准（7 ~ 18 岁）由周龙峰审定并统稿。

青少年篮球体能、技能评定标准（7 ~ 18 岁）评审组由宫鲁鸣（中国篮球协会副主席）任组长，成员有刘玉林（原北京体育大学教授）、田川（北京市标准化研究院高级工程师），评审通过。

目　录
CONTENTS

第一章　7～18岁青少年篮球体能、技能评定标准概述

1　范　围

本标准规定了7～18岁青少年篮球体能、技能测量和评定的要求。

本标准适用于7～18岁青少年篮球体能、技能评定工作。

2　术语定义

2.1　体　能

体能（Physical fitness）是指人体各器官系统在体育活动中表现出来的能力，包括力量、速度、耐力、灵敏和柔韧等基本的身体素质，以及人体的基本活动能力和运动能力。

2.2　技　能

技能（Skill）是指个体或群体在体育活动中，按照一定的技术规格，掌握和运用专门运动技术的能力。

3　评定原则

3.1　目标性原则

目标性原则是指所筛选的7～18岁青少年篮球体能、技能测试指标体系需紧密围绕评价与监测青少年篮球体能、技能水平这一目标来设计，指标构成力求内容全面，测试可信，能全方位、多视角地反映青少年篮球的真实水平。

3.2 可靠性原则

可靠性原则是指在同等条件下，对同一批受测者重复测量时，测量结果的一致程度。筛选的 7～18 岁青少年篮球体能、技能测试指标可信度均较高，同一受测者进行同一个项目测试时，得到的测试数据真实可靠。

3.3 有效性原则

有效性原则是指测试指标的有效程度。筛选的 7～18 岁青少年篮球体能、技能测试指标，从范围、结构和内容进行评定，有效性均较高。

3.4 客观性原则

客观性原则是指构建的青少年篮球体能、技能评定标准，需符合不同阶段青少年身心发展特征及篮球的项目特征，力求以第一手的测试数据，按照统一的评价标准，实事求是地反映和评价青少年篮球体能、技能发展水平。

3.5 科学性原则

科学性原则是指 7～18 岁青少年篮球体能、技能测试指标体系的拟定，测试指标的取舍都必须有科学依据。指标的处理要符合科学规范，数据来源真实可靠。

3.6 系统性原则

系统性是指 7～18 岁青少年篮球体能、技能测试指标需作为整体框架进行系统设计。一方面，系统的主要框架及各构成要素按一定的逻辑程序向前发展。另一方面，系统具有不断修正、完善的属性，因此能及时地纠正评定过程中出现的偏差，实现系统的最优化目标。

4 评定指标体系

将 7～18 岁青少年根据运动训练中的常规年龄阶段划分，每 2 岁为间隔，共划分为 6 组，分别为：U－8（7～8 岁）、U－10（9～10 岁）、U－12（11～12 岁）、U－14（13～14 岁）、U－16（15～16 岁）、U－18（17～18 岁），详见表 1－1。

表 1－1　7～18 岁青少年篮球测试指标一览表

类别	项目	7～8 岁	9～10 岁	11～12 岁	13～14 岁	15～16 岁	17～18 岁
体能	5.8 米加速跑	√	√	√	√	√	√
	3/4 全场加速跑		√	√	√	√	√
	15 米×7 折返跑		√				
	15 米×11 折返跑			√			
	15 米×15 折返跑				√		
	15 米×17 折返跑					√	√
	原地背后抛篮球	√	√				
	立定跳远	√	√	√	√	√	√
	原地双脚起跳摸高	√	√	√	√	√	√
	助跑单脚起跳摸高		√	√	√	√	√
	一级腹桥	√					
	三级腹桥		√				
	五级腹桥			√			
	八级腹桥				√	√	√
	1 分钟单足交替跳绳	√	√	√			
	1 分钟双摇跳绳				√	√	√
	肩回环	√	√	√	√	√	√
	十字脚步移动	√	√	√			
	燕式平衡	√	√	√	√		
	坐位体前屈	√	√	√	√	√	√
	原地跳起双手头上传球		√	√			
	原地跳起转体双手头上传球				√	√	√

续表

类别	项目	7 ~ 8 岁	9 ~ 10 岁	11 ~ 12 岁	13 ~ 14 岁	15 ~ 16 岁	17 ~ 18 岁
技能	行进间运球捡网球	√	√	√			
	单手十字移动运球	√					
	半场左右手运球见线折返		√				
	全场左右手运球见线折返			√	√	√	√
	全场综合运球上篮				√	√	√
	半场移动传接球	√	√	√			
	全场多点综合传接球				√	√	√
	左右手运球行进间高手、低手、双手投篮	√	√	√			
	0°，45°，90° 5 步后退投篮			√	√		
	0°，45°，90° 7 步后退投篮					√	√
	1 分钟自投自抢				√		
	1 分 30 秒自投自抢					√	√
	限制区滑步	√	√	√			

5 评定方法

7 ~ 18 岁青少年篮球体能、技能评定标准由北京市篮球运动协会设立的北京市篮球测试委员会负责实施与管理。测试人员必须取得青少年篮球体能、技能评定资格证书方可实施测试评定。7 ~ 18 岁青少年篮球体能、技能评定必须严格按照测试方法（第二章、第三章）、器材规格标准（附录一）、评分标准（附录二、附录三）进行测试。

6 结果反馈

6.1 成绩查询

受测者可在测试结束 15 个工作日后登录北京篮球运动协会官方网站，输入个人信息查询测试成绩。

6.2 成绩核查

成绩核查指的是分数是否有错加或漏加的情况，评分标准的执行情况不属核查范围。成绩核查申请由北京市篮球运动协会办公室受理，办理方式如下：

申请材料：（1）组织单位出具的证明（需加盖公章），证明需含参加测试时间、个人基本信息等内容；（2）身份证复印件；（3）回函信封。

受理时间：每次测试成绩发布后一个月内（以邮戳时间为准）。

申请方式：北京市篮球运动协会办公室不予当面受理。申请者将组织单位出具的证明、身份证复印件以及回函信封（有详细地址和收件人及邮票）以挂号信方式邮寄至北京市篮球运动协会办公室。

反馈方式：北京市篮球运动协会办公室将核查结果以挂号邮寄方式反馈至申请者。

第二章　7~18 岁青少年篮球体能指标测试方法

1　5.8 米加速跑

1.1　适用群体

7~18 岁青少年。

1.2　测试目的

测试青少年快速起动的能力。

1.3　测试设备

标准篮球场地、秒表。

1.4　测试方法

受测者④站在篮球场后场篮下端线外位置，裁判员发出“开始”口令并开表计时，受测者听到口令后开始起动。受测者在后场端线出发后，全速跑至前场罚球线，通过测试终点，裁判员停表；受测者起动时脚不能踩线，全速通过终点后才能减速，不能提前减速。(图 2－1)

1.5　测试场地

在标准篮球场（28 米×15 米）进行测试，后场端线为起点，前场罚球线为终点。(图 2－1)

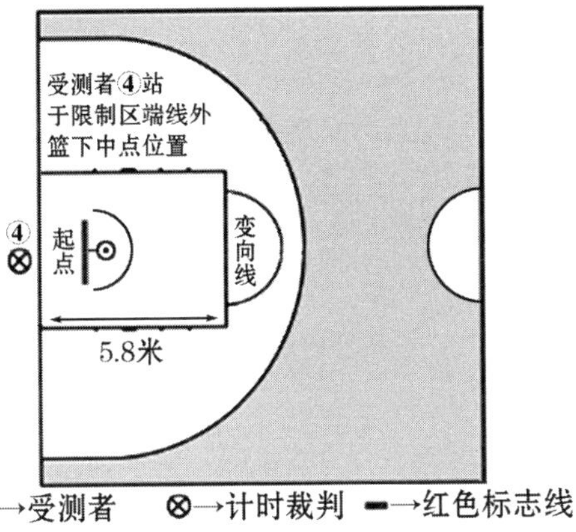

图 2－1 5.8 米测试场地示意图

1.6 测试要求

出发前，准备姿势正确，两脚前后自然开立，微屈膝，降重心、上体放松稍前倾，目视前方。开始口令发出后，反应迅速，起动快而有力，上体迅速前倾、重心前移、后脚蹬地快速有力，全速跑向终点。如果出现违规现象，裁判员鸣哨，本次测试成绩无效。如果再次违规，取消本项目测试成绩。（图 2－2）

图 2－2 起动姿势

1.7 测试细则

（1）以组为单位测试；

（2）每名受测者测试2次，取最好成绩；

（3）以秒为单位记录测试成绩，精确到小数点后2位（0.01秒）；

（4）三名裁判员，一名裁判员发令，一名裁判员检查起跑是否违规，另外一名裁判员计时并记录成绩。

2 3/4全场加速跑

2.1 适用群体

9~18岁青少年。

2.2 测试目的

测试青少年场上位移速度及冲刺能力。

2.3 测试设备

标准篮球场地、秒表。

2.4 测试方法

受测者④站在篮球场后场篮下端线外位置，裁判员发出“开始”口令并开表计时。受测者听到裁判员发令后，快速起动加速跑，跑过中场并冲刺到前场罚球线，通过测试终点，裁判员停表。受测者起动时脚不能踩线，全速通过终点后才能减速，不能提前减速。(图2－3)

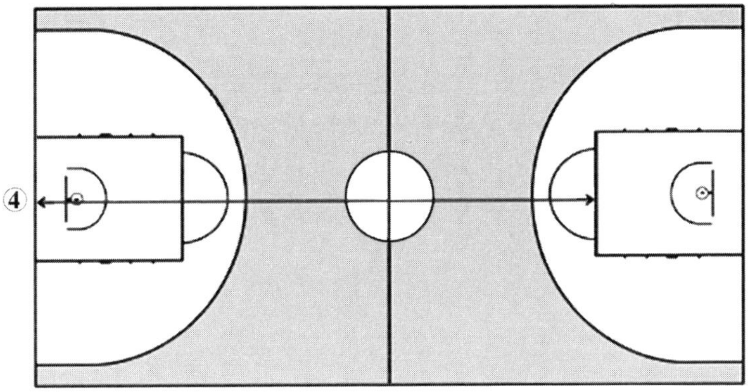

图 2－3　3/4 全场加速跑测试方法图

2.5　测试场地

在标准篮球场（28 米×15 米）进行测试，以后场端线为起点，以前场罚球线为终点。（图 2－4）

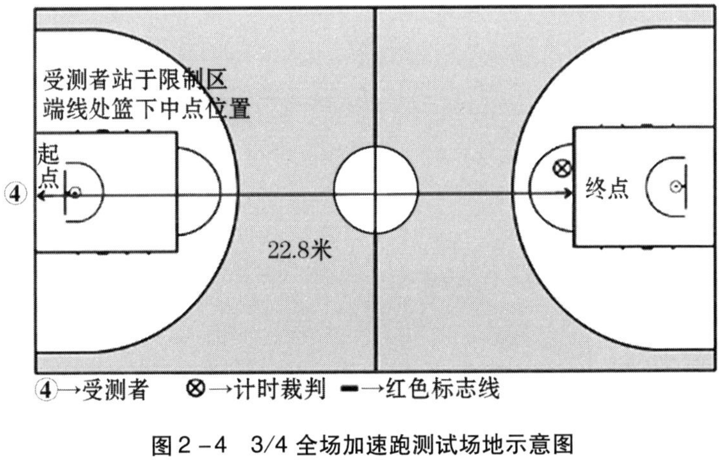

图 2－4　3/4 全场加速跑测试场地示意图

2.6 测试要求

反应迅速，起动快而有力，双腿快速交替后蹬与摆动，后蹬有力。上体随着步频加快和步幅加大逐渐抬起，双臂配合双腿做积极有力的摆动，整个跑动过程加速明显，身体姿态平稳，动作自然放松，以最快速度跑至终点。起跑时受测者不得踩线，如果出现踩线、抢跑等违规现象，裁判员鸣哨罚下，本次测试成绩无效。如果再次违规，取消本项目测试成绩。

2.7 测试细则

（1）以组为单位测试；

（2）每名受测者测试 2 次，取最好成绩；

（3）以秒为单位记录测试成绩，精确到小数点后 2 位（0.01 秒）；

（4）三名裁判员，一名裁判员发令，一名裁判员检查起跑是否违规，另外一名裁判员计时并记录成绩。

3 15 米多次折返跑

3.1 适用群体

9 ~ 18 岁青少年。

3.2 测试目的

测试青少年的速度耐力。

3.3 测试设备

标准篮球场地、秒表。

3.4 测试方法

受测者④在球场的边线站立，裁判员发出“开始”口令并开表计时，受测者听到裁判员口令后起动加速跑，跑至球场对面边线做急停并转身再次起动算一次，然后在球场两条边线之间用最快速度做多次折返跑（9 ~ 10 岁 7 次、11 ~ 12

岁11次、13～14岁15次、15～18岁17次）。受测者在两边线折返时必须有一脚踏到边线，否则算违规；最后一趟折回时脚踏到边线停表。起动时，脚不许踩线，不许抢跑，每次折回时必须有一脚踏到边线，如脚未踩线，裁判员鸣哨，本次测试成绩取消。（图2－5）

3.5 测试场地

在标准篮球场（28米×15米）进行测试，以球场一侧边线为起点，以另一侧边线为终点。（图2－6）

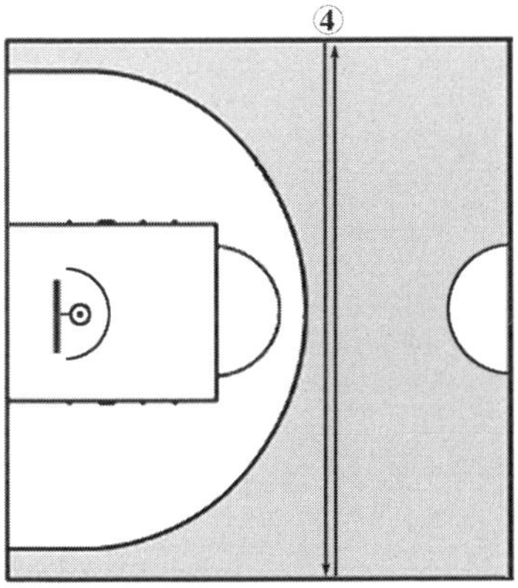

图2－5 15米多次折返跑测试方法图

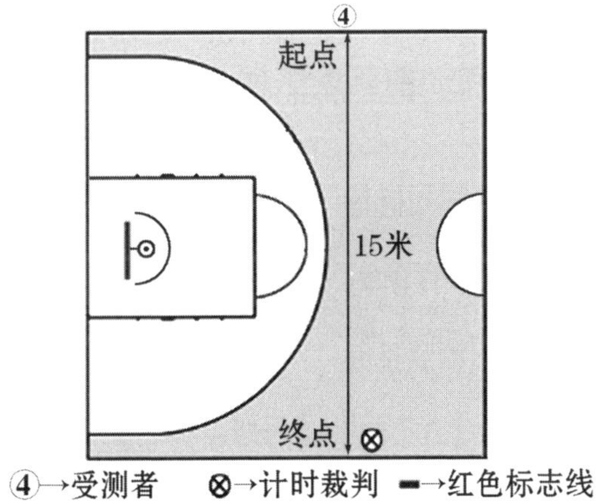

图2－6 15米多次折返跑测试场地示意图

3.6 测试要求

出发前，准备姿势正确，两脚前后自然开立，微屈膝，降重心、上体放松稍前倾，目视前方；听到裁判员口令后，反应迅速，起动快而有力，上体迅速前倾、重心前移、后脚蹬地快速有力；见线急停快速、稳定；再起动，蹬地、转身快速有力。急停、转身协调连贯（急停时，第一步脚跟着地迅速过渡到全脚掌抵地制动、屈膝、降重心并后移，第二步落地时，前脚掌内侧用力蹬地，身体稍侧转。两臂屈肘自然张开，帮助控制身体平衡）；急停转身起动加速明显，自始至终动作快速、连贯、稳定。“折返跑”全过程，跑动速度快，速度保持好，跑动中身体姿态平稳、自然放松。测试过程中，如果出现违规现象，裁判员鸣哨罚下，本次测试成绩无效。如再次违规，取消本项目测试成绩。

3.7 测试细则

（1）以组为单位测试；

（2）每名受测者测试2次，取最好成绩；

（3）以秒为单位记录测试成绩，精确到小数点后2位（0.01秒）；

（4）三名裁判员，一名裁判员发令，一名裁判员检查起跑是否违规，另外一名裁判员计时并记录成绩。

4 原地背后抛篮球

4.1 适用群体

7~8岁青少年（5号球）、9~10岁青少年（7号球）。

4.2 测试目的

测试青少年的力量与爆发力。

4.3 测试设备

标准篮球场地、卷尺、5号球、7号球。

4.4 测试方法

受测者背身站在投掷线后，将篮球抛向后方，测量落地点与起点的距离。

4.5 测试要求

双脚左右开立，与肩同宽或略宽于肩，背对测试场地。双手体前持球，身体自然放松，用力将球经头上向后抛出。抛球时不能跳起。测试时受测者不得踩线，如果出现踩线等违规现象，裁判员鸣哨，本次测试成绩无效，如果再次违规，取消本项目测试成绩。

4.6　测试细则

（1）以个人为单位进行测试；

（2）每名受测者连续测试 2 次，取最好成绩；

（3）以米为单位记录测试成绩，精确到小数点后 1 位（0.1 米）；

（4）两名裁判员，一名裁判员发令兼检查是否违规，另外一名裁判员测量距离。

5　立定跳远

5.1　适用群体

7～18 岁青少年。

5.2　测试目的

测试青少年下肢爆发力和上、下肢协调配合能力。

5.3　测试设备

标准篮球场地、卷尺。

5.4　测试方法

在标准篮球场进行，受测者起跳时站在标志线后，脚尖不得踩线，双脚向前起跳，跳起腾空后双脚落地，丈量得到的起跳线到双脚最近着地点之间的距离为测试成绩。受测者双脚起跳前不得踩线、不能有跳步或垫步动作，双脚必须同时落地，双脚着地后不得后倒或双手撑地，不准穿钉鞋。

5.5　测试要求

立定跳远技术动作由预摆、起跳、腾空、落地等部分组成。预摆：双脚左右开立与肩同宽，双臂前后摆动，上下肢动作协调配合，前摆时双腿伸直，后摆时屈膝降重心，上体稍前倾，手尽量往后摆；起跳腾空：两臂微屈，由后往前上方摆动时两脚用力快速蹬地，同时向前上方腾空跳起，并充分展体；落地缓冲：在空中收腹举腿的同时双臂屈臂用力由前向后摆振，小腿前伸，脚跟着地并迅速过渡到全脚掌着地，屈膝缓冲。蹬伸与摆臂同时进行，蹬地快速有力，空中展体充分，收腹快，落地稳。测试时如果出现违规现象，裁判员鸣哨，本次测试成绩无效，如果再次违规，取消本项目测试成绩。（图 2 –7 至图 2 –9）

图 2 –7　准备姿势

图 2 –8　起跳姿势

图 2 –9　落地姿势

5.6　测试细则

（1）以个人为单位进行测试；

（2）每名受测者连续测试 2 次，取最好成绩；

（3）以厘米为单位记录测试成绩，精确到个位数（1 厘米）；
（4）一名裁判员，检查是否违规兼记录成绩。

6　原地双脚起跳摸高

6.1　适用群体

7～18 岁青少年。

6.2　测试目的

测试青少年下肢爆发力及协调性。

6.3　测试设备

标准篮球场地、白粉、测试篮板或摸高器。

6.4　测试方法

受测者两脚站立于测试篮板（事先把手涂上白粉）或摸高器下（左侧或右侧不限），双手自然垂于体侧呈准备姿势。动作开始时，双腿迅速弯曲，双手快速下摆，然后双手尽力向上并提肩伸展手臂，双腿快速蹬伸发力向上起跳，用手指尖在测试篮板或摸高器上留下标记，记录手指摸高的最高高度。起跳前双脚不能移动，如跳步或并步起跳将取消成绩。

6.5　测试要求

准备动作充分，起跳前双脚不得挪动（脚跟可提起），双脚脚尖离开地面算起跳一次。起跳时，单双脚均无移动，摆臂充分，重心平稳，爆发力强，起跳有力。起跳后身体在空中伸展，达到最高点时用单手触碰摸高器或测试篮板摸到刻度板以内的成绩有效，未在刻度板上留下痕迹认定为测试失败一次。测试时如果出现违规现象，裁判员鸣哨，本次测试成绩无效，如果再次违规，取消本项目测试成绩。记录成绩以厘米为单位，如摸到超出 315 厘米的位置，但未达到 316 厘米，仍按 315 厘米记录。（图 2－10、图 2－11）

图2－10　准备姿势

图2－11　起跳姿势

6.6　测试细则

（1）以个人为单位进行测试；
（2）每名受测者连续测试2次，取最好成绩；
（3）以厘米为单位记录测试成绩，精确到个位数（1厘米）；
（4）一名裁判员，检查是否违规兼记录成绩。

7　助跑单脚起跳摸高

7.1　适用群体

9~18岁青少年。

7.2 测试目的

测试青少年下肢爆发力及协调性。

7.3 测试设备

标准篮球场地、白粉、测试篮板或摸高器。

7.4 测试方法

受测者站立于篮球场地（半场三分线内）适宜助跑起跳的位置（助跑移动路线不限）。动作开始时，受测者助跑起动，沿助跑路线跑至测试篮板（事先把手涂上白粉）或摸高器下，利用左脚或右脚单脚快速向上起跳，一只手臂上举用指尖触摸测试篮板或摸高器，在测试篮板或摸高器上留下标记，记录手指摸高的最高高度。受测者必须在规定的范围内助跑，不得加长助跑距离。

7.5 测试场地

在标准篮球场（28米×15米）进行测试，受测者站立于篮球场地（半场三分线内）适宜助跑起跳的位置（助跑移动路线不限）。(图2－12)

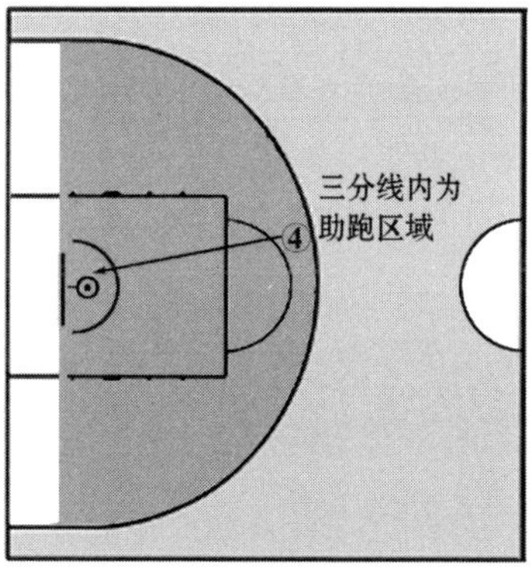

图2－12 助跑单脚起跳摸高测试场地示意图

7.6 测试要求

受测者须在规定区域内助跑，助跑姿势正确，第一步跨踏，步伐大而有力，第二步加速跟进，起跳有力。起跳时有明显的制动、重心前移和发力动作，起跳距离适中，身体在空中随手臂动作伸展，达到最高点时用手指尖碰触摸高器或测试篮板（受测者左脚起跳测右手摸高，右脚起跳测左手摸高），摸到刻度板以内的成绩有效，未在刻度板上留下痕迹认定为测试失败一次。测试时如果出现违规现象，裁判员鸣哨，本次测试成绩无效，如果再次违规，取消本项目测试成绩。记录成绩以厘米为单位，如摸到超出315厘米的位置，但未达到316厘米，仍按315厘米记录。

7.7 测试细则

（1）以个人为单位进行测试；
（2）每名受测者连续测试2次，取最好成绩；
（3）以厘米为单位记录测试成绩，精确到个位数（1厘米）；
（4）一名裁判员，检查是否违规兼记录成绩。

8 一级、三级、五级、八级腹桥

8.1 适用群体

7~18岁青少年。

8.2 测试目的

测试青少年的核心区能力。

8.3 测试设备

软垫或瑜伽垫、秒表。

8.4　测试方法

受测者起始动作为俯卧屈肘撑于地面，裁判员宣布测试开始并计时，受测者按照测试标准尽自己最大努力完成各级腹桥的所有动作。

8.5　测试要求

受测者在动作完成过程中，保持颈、肩、腰、臀在一条线上并与地面平行。动作转换速度快。一旦动作不符合要求，裁判员停表并记录成绩。（各年龄段动作等级要求见表 2－1 至表 2－5）

（1）7～8 岁，一级腹桥测试，保持平板支撑动作姿势的能力（不超过 30 秒）。（表 2－1）

表 2－1　7～8 岁平板支撑测试表

级别	动作要求
1 级	平板支撑（不超过 30 秒）

（2）9～10 岁，三级腹桥测试，每个动作坚持 5 秒，共计 15 秒。（表 2－2）

表 2－2　9～10 岁三级腹桥测试表

级别	动作要求
1 级	平板支撑 5 秒
2 级	保持平板支撑动作，右臂向前抬起，保持 5 秒
3 级	放下右臂，保持平板支撑动作，左臂向前抬起，保持 5 秒

（3）11～12 岁，五级腹桥测试，每个动作坚持 5 秒，共计 25 秒。（表 2－3）

表2-3　11~12岁五级腹桥测试表

级别	动作要求
1级	平板支撑5秒
2级	保持平板支撑动作，右臂向前抬起，保持5秒
3级	放下右臂，保持平板支撑动作，左臂向前抬起，保持5秒
4级	放下左臂，保持平板支撑动作，右腿向后平伸，保持5秒
5级	放下右腿，保持平板支撑动作，左腿向后平伸，保持5秒

（4）13~14岁，八级腹桥测试，每个动作坚持5秒，共计40秒。（表2-4）

表2-4　13~14岁八级腹桥测试表

级别	动作要求
1级	平板支撑5秒
2级	保持平板支撑动作，右臂向前抬起，保持5秒
3级	放下右臂，保持平板支撑动作，左臂向前抬起，保持5秒
4级	放下左臂，保持平板支撑动作，右腿向后平伸，保持5秒
5级	放下右腿，保持平板支撑动作，左腿向后平伸，保持5秒
6级	保持左腿平伸，同时抬起右臂，保持5秒
7级	放下左腿与右臂，然后抬起左臂与右腿，保持5秒
8级	保持平板支撑动作5秒

（5）15～18岁，八级腹桥测试，每个动作坚持10秒，共计80秒。（表2－5）

表2－5　15～18岁八级腹桥测试表

级别	动作要求
1级	平板支撑10秒
2级	保持平板支撑动作，右臂向前抬起，保持10秒
3级	放下右臂，保持平板支撑动作，左臂向前抬起，保持10秒
4级	放下左臂，保持平板支撑动作，右腿向后平伸，保持10秒
5级	放下右腿，保持平板支撑动作，左腿向后平伸，保持10秒
6级	保持左腿平伸，同时抬起右臂，保持10秒
7级	放下左腿与右臂，然后抬起左臂与右腿，保持10秒
8级	保持平板支撑动作10秒

8.6　测试细则

（1）以组为单位测试；
（2）每名受测者测试1次；
（3）以秒为单位记录测试成绩，精确到小数点后2位（0.01秒）；
（4）两名裁判员，一名裁判员发令，另外一名裁判员计时兼检查是否违规。

9　1分钟单足交替跳绳

9.1　适用群体

7～12岁青少年。

9.2 测试目的

测试青少年的灵敏素质、协调性和时空感知能力。

9.3 测试设备

标准篮球场地、跳绳、秒表。

9.4 测试方法

受测者在篮球场地内，双手持绳做好准备姿势，裁判员发出“开始”口令并开表计时，受测者立即向上向前双手摇动跳绳，跳绳经头顶并从身体前面通过脚下向后摆动，双脚交替跳动配合跳绳摆动，记录1分钟内成功完成的次数（摇绳1次必须跳起1次，计算成功的次数，达不到要求不计入总数内）。

9.5 测试要求

双手摇绳与双脚交替跳起的配合动作准确、规范、熟练、连贯；身体姿态保持协调一致，动作频率快。（图2－13）

图2－13 准备姿势

9.6 测试细则

（1）以组为单位测试；
（2）每名受测者测试 2 次，取最好成绩；
（3）以个为单位记录测试成绩，精确到个位数（1 个）；
（4）两名裁判员，一名裁判员计时，另外一名裁判员计数兼检查是否违规。

10 1 分钟双摇跳绳

10.1 适用群体

13～18 岁青少年。

10.2 测试目的

测试青少年的灵敏素质、协调性和时空感知能力。

10.3 测试设备

标准篮球场地、跳绳、秒表。

10.4 测试方法

受测者在篮球场地内，双手持绳做好准备姿势，裁判员发出“开始”口令并开表计时，受测者立即向上向前双手摇动跳绳，跳绳经头顶并从身体前面通过脚下向后摆动，双脚跳起 1 次，双手摇绳 2 次，双脚同时跳动配合双手摆动跳绳，记录 1 分钟内成功完成的次数（跳起 1 次必须摇绳 2 次，计算成功的次数，达不到要求不计总数内）。

10.5 测试要求

双脚跳起与双手连续 2 次摇绳的动作协调、熟练、连贯、身体腾空及连续 2 次完成跳绳的节奏协调一致，动作频率快。

10.6　测试细则

（1）以组为单位测试；
（2）每名受测者测试2次，取最好成绩；
（3）以个为单位记录测试成绩，精确到个位数（1个）；
（4）两名裁判员，一名裁判员计时，另外一名裁判员计数兼检查是否违规。

11　肩回环

11.1　适用群体

7～18岁青少年。

11.2　测试目的

测试青少年肩关节的灵活性与协调性。

11.3　测试设备

标准篮球场地、带刻度的木棍（0～150厘米）。

11.4　测试方法

受测者在篮球场地内，两臂向下左右分开，双手握有带刻度的木棍，呈准备姿势。裁判员喊“开始”口令后，受测者双手同时迅速抬起木棍自前向上过头向后做肩回环动作，直至木棍碰到臀部，然后再从后向上过头绕回起始位置。在做肩回环时，两臂不能弯曲，双手不能在木棍上移动。记录受测者按测试方法完成动作后双手间的距离。

11.5　测试要求

两臂不能弯曲，直臂向后、向前的回环动作轻松、自如、连贯，双手握棍距离越短越好。（图2－14至图2－16）

图 2 – 14 准备姿势

图 2 – 15 两臂伸直

图 2 – 16 木棍碰到臀部，手臂不能弯曲

11.6 测试细则

（1）以个人为单位测试；

（2）每名受测者测试 2 次，取最好成绩；

（3）以厘米为单位记录测试成绩，精确到小数点后 1 位（0.1 厘米）；

（4）一名裁判员，计量刻度兼检查受测者是否违规。

12 十字脚步移动

12.1 十字脚步移动（7 ~8 岁）

12.1.1 适用群体

7 ~8 岁青少年。

12.1.2 测试目的

测试青少年的应变能力和脚步移动灵活性。

12.1.3 测试设备

标准篮球场地、标志桶、秒表、胶带。

12.1.4 测试方法

球场设 4 个标志桶（▲），每个标志桶均距离十字标志点② 4 米。受测者站在起点处右侧，裁判员发出“开始”口令并开表计时，受测者快速起动跑向③号标志桶并做双脚急停，用手触摸标志桶后快速后退至十字标志点②；用横滑步移向④号标志桶，用手触摸标志桶后用横滑步返回十字标志点②；再用横滑步移动至⑤号标志桶，急停并用手触摸标志桶后用后横滑步回到十字标志点②；后退跑向①号标志桶终点左侧位置，移动停止结束计时，记录时间。（图 2－17）

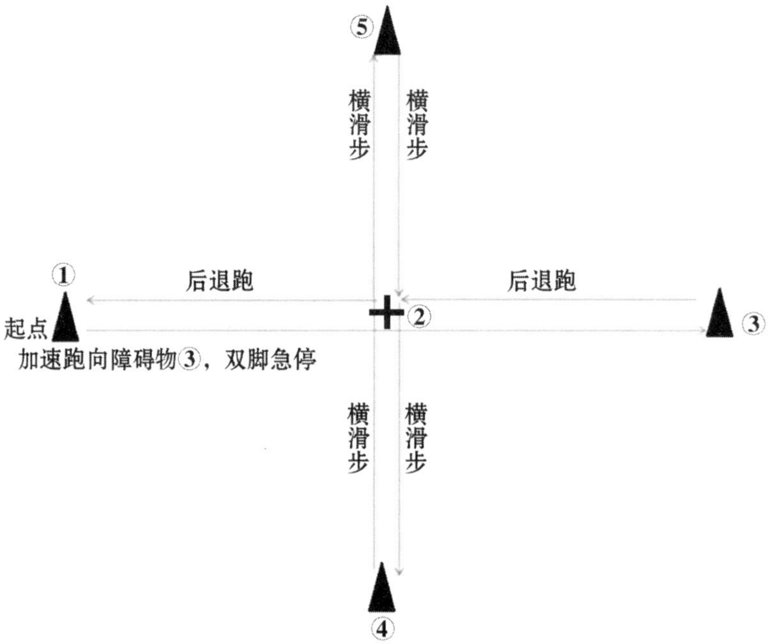

图 2－17　十字脚步移动（7 ~8 岁）

12.1.5 测试场地

在标准篮球场（28 米 ×15 米）进行测试，球场设 4 个标志桶（▲），每个标志桶均距离十字标志点② 4 米。

12.1.6　测试要求

受测者必须记忆各个不同节点对移动步法的要求，不能做错；每次移动后都要返回到起动位置，进行下一次的移动；移动中要保持技术动作的规范，不能为了追求速度而降低动作质量。必须按照规定的方法、路线在规定区域内完成移动路线，如果出现违规现象，裁判员鸣哨，本次测试成绩无效，如再次违规，取消本项目测试成绩。

12.1.7　测试细则

（1）以个人为单位进行测试；

（2）每名受测者测试2次，取最好成绩；

（3）以秒为单位记录测试成绩，精确到小数点后2位（0.01秒）；

（4）两名裁判员，一名裁判员发令，另外一名裁判员计时兼检查是否违例。

12.2　十字脚步移动（9～12岁）

12.2.1　适用群体

9～12岁青少年。

12.2.2　测试目的

测试青少年的应变能力和脚步移动灵活性。

12.2.3　测试设备

标准篮球场地、标志桶、秒表、胶带。

12.2.4　测试方法

球场设4个标志桶（▲），每个标志桶均距离十字标志点② 4米。受测者站在起点处，裁判员发出“开始”口令并开表计时，受测者快速起动跑向③号标志桶并做双脚急停，用手触摸标志桶后快速后退至十字标志点②；用交叉步跑向④号标志桶，用手触摸标志桶后用横滑步移至十字标志点②；转换用交叉步移动至⑤号标志桶，急停并用手触摸标志桶后用后横滑步回到十字标志点②；后退跑向①号标志桶终点位置，移动停止，结束计时，记录时间。（图2－18）

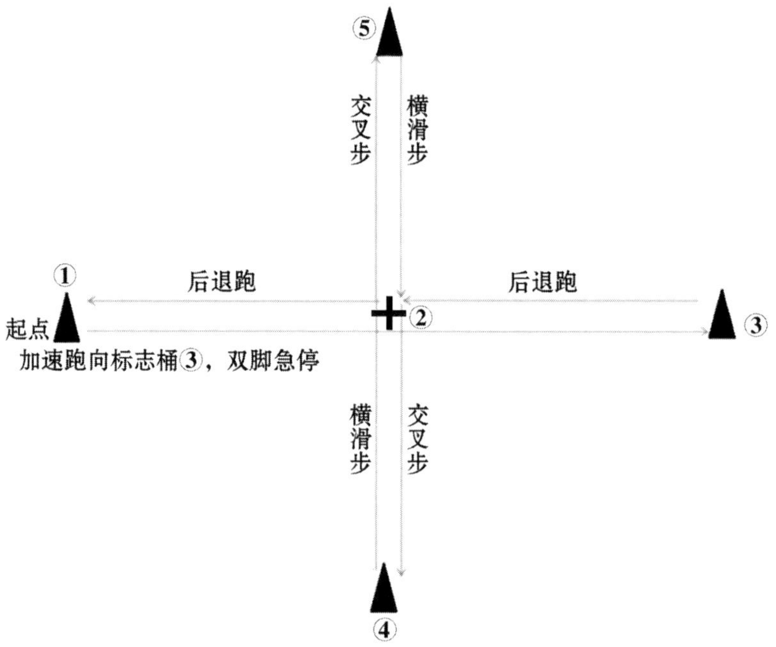

图2－18　十字脚步移动（9～12岁）

12.2.5　测试场地

在标准篮球场（28米×15米）进行测试，每个标志桶之间的夹角为90°，十字标志点到标志桶的距离为4米。

12.2.6　测试要求

受测者必须记忆各个不同节点对移动步法的要求，不能做错；每次移动后都要返回到起动位置，进行下一次的移动；移动中要保持技术动作的规范，不能为了追求速度而降低动作质量。必须按照规定的方法、路线在规定区域内完成移动路线，如果出现违规现象，裁判员鸣哨，本次测试成绩无效，如再次违规，取消本项目测试成绩。

12.2.7　测试细则

（1）以个人为单位进行测试；

（2）每名受测者测试2次，取最好成绩；

（3）以秒为单位记录测试成绩，精确到小数点后2位（0.01秒），

（4）两名裁判员，一名裁判员发令，另外一名裁判员计时兼检查是否违例。

13　燕式平衡

13.1　适用群体

7～14岁青少年。

13.2　测试目的

测试青少年的单足稳定能力，大腿后群的柔韧性及力量，核心区控制能力。

13.3　测试设备

秒表。

13.4　测试方法

受测者单腿屈膝站立，另一条腿向后抬起，脚尖向下。双手侧平举，大拇指向上，保持肩、髋、膝、踝在一条直线上，背部和骨盆在一个水平面上（图2－19）。记录受测者保持标准动作的时间。

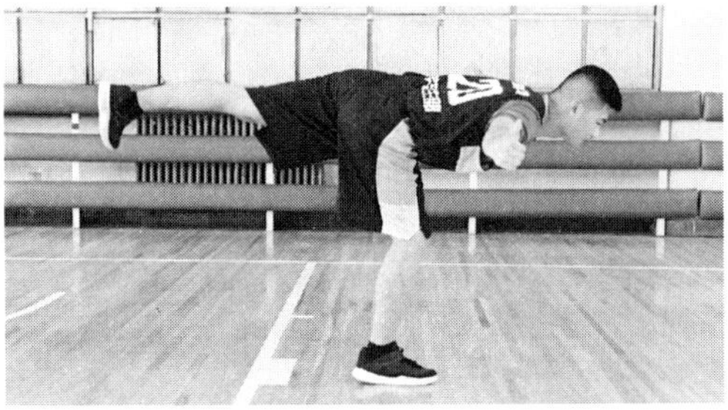

图2－19　燕式平衡

13.5 测试要求

受测者在测试开始后，支撑脚不可以移动，保持上述姿势。受测者抬起脚，保持肩、髋、膝、踝在一条直线上，保持背部和骨盆在一个水平面上。抬起脚的脚尖向下，高度不能低于支撑脚膝关节上沿。如出现动作姿势异常、抬起脚高度低于支撑脚膝关节上沿或支撑脚移动，则测试结束。

13.6 测试细则

（1）以组为单位测试；
（2）每名受测者左右脚各测试 1 次；
（3）以秒为单位记录测试成绩，精确到小数点后 2 位（0.01 秒）；
（4）两名裁判员，一名裁判员计时，另一名裁判员发令兼检查是否违规。

14 坐位体前屈

14.1 适用群体

7 ~ 18 岁青少年。

14.2 测试目的

测试青少年的柔韧性与协调性。

14.3 测试设备

坐位体前屈测试仪。如果没有这种仪器，也可以用台阶和直尺进行测试。

14.4 测试方法

使用坐位体前屈测试仪：受测者赤足坐在连接于箱体的软垫上，双腿伸直，不可弯曲，脚跟并拢，脚尖分开 10 ~ 15 厘米，踩在测量计垂直平板上，双手并拢；两臂和手伸直，渐渐使上体前屈，用双手中指尖轻轻推动标尺上的游标前滑（不得有突然前伸动作），并尽力向前推动达到最远距离，坚持 2 秒钟。如果需要，检查者可以下按受测者的膝部使其接触地面。

使用直尺：受测者赤足测试，双腿伸直站立，两脚分开10～15厘米，脚掌接触台阶底部；将直尺按照双手伸出的方向放在台阶上，将脚掌所在位置作为零刻度。受测者上体前屈，双腿直立，双手向下伸直，双手尽力超出脚掌，计算双手超出台阶的刻度，如果双手伸出的位置超过脚掌，计为正数；如果双手没有达到脚掌所在位置，计为负数。

14.5　测试要求

受测者的膝盖不能弯曲，应接触地面；手指接触仪器时要坚持1～2秒钟。测试时如果出现违规现象，裁判员鸣哨并提示错误，本次测试成绩无效，如再次违规，取消本项目测试成绩。（图2－20）

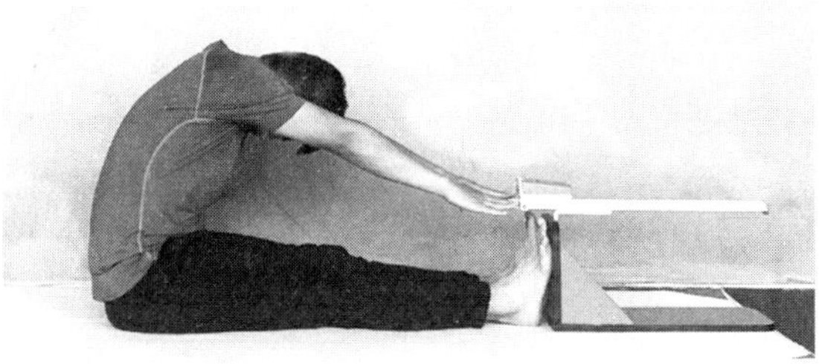

图2－20　坐位体前屈

14.6　测试细则

（1）以个人为单位测试；

（2）每名受测者连续测试2次，取最好成绩；

（3）以厘米为单位记录测试成绩，精确到小数点后1位（0.1厘米）；

（4）两名裁判员，一名裁判员测量刻度兼检查受测者是否违规，另外一名裁判员记录成绩。

15 原地跳起双手头上传球

15.1 适用群体

9~12岁青少年。

15.2 测试目的

测试青少年身体的协调性及腰部、背部、手臂肌肉力量。

15.3 测试设备

标准篮球场地、篮球、皮尺。

15.4 测试方法

受测者双手持球站立于篮球场地端线外，背向球场，不得踩线。当裁判员发出“开始”口令后，受测者跳起，采用双手头上传球的方式在空中将球传向前场，测量球的落点与端线之间的距离。

15.5 测试要求

必须在空中完成传球动作。测试时如果出现违规现象，裁判员鸣哨并提示错误，本次测试成绩无效，如再次违规，取消本项目测试成绩。

15.6 测试细则

（1）以个人为单位测试；

（2）每名受测者连续测试2次，取最好成绩；

（3）以米为单位记录测试成绩，精确到小数点后1位（0.1米）；

（4）两名裁判员，一名裁判员计量距离，另外一名裁判员检查受测者是否违规。

16　原地跳起转体双手头上传球

16.1　适用群体

13～18岁青少年。

16.2　测试目的

测试青少年身体的协调性及腰部、背部、手臂肌肉力量。

16.3　测试设备

标准篮球场地、篮球、皮尺。

16.4　测试方法

受测者双手持球站立于篮球场地端线外，背向球场，不得踩线（图2－21）。当裁判员发出“开始”口令后，受测者跳起转体180°，采用双手头上传球的方式在空中将球传向前场，测量球的落点与端线之间的距离。

图2－21　准备姿势

16.5 测试要求

必须在空中转体完成传球动作，测试时如果出现违规现象，裁判员鸣哨并提示错误，本次测试成绩无效，如再次违规，取消本项目测试成绩。

16.6 测试细则

（1）以个人为单位测试；

（2）每名受测者连续测试2次，取最好成绩；

（3）以米为单位记录测试成绩，精确到小数点后1位（0.1米）；

（4）两名裁判员，一名裁判员计量距离，另外一名裁判员检查受测者是否违规。

第三章　7～18 岁青少年篮球技能指标测试方法

1　行进间运球捡网球

1.1　行进间运球捡网球（7～8 岁）

1.1.1　适用群体

7～8 岁青少年。

1.1.2　测试目的

测试青少年移动运球时的手眼协调能力。

1.1.3　测试设备

标准篮球场地、标志桶、5 号篮球。

1.1.4　测试方法

受测者④位于篮球场地右侧 45°三分线外。一名裁判员站在篮球架下方。测试前将网球放到篮球框正下方。受测者用右手做行进间运球，在运球过程中，做行进间的体前变向换手运球，球换至左手的同时转体探肩，右手将放置在球场的网球捡起（然后丢掉），左手运球到左侧 45°绕过三分线上的标志桶，左手继续行进间运球，做体前变向换手运球，球换至右手的同时转体探肩左手将放置在球场的网球捡起（然后丢掉），用右手运球回起点，测试结束。（图 3－1）

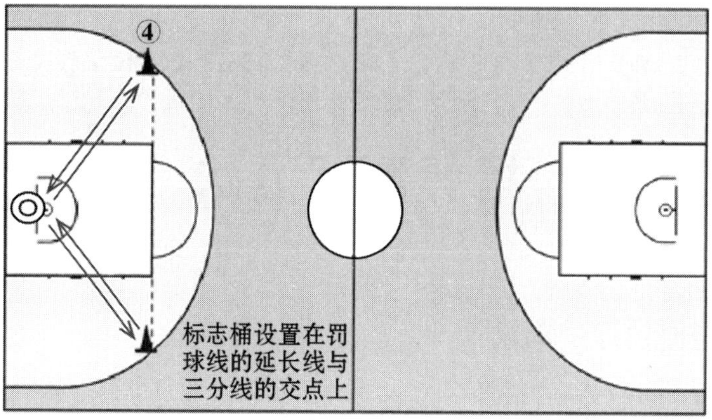

图 3－1　行进间运球捡网球（7～8 岁）测试方法图

1.1.5　测试要求

受测者运球时保持眼睛直视前方、背部正直。运球高度保持在膝盖位置，不可以过高或者过低。测试过程中，不能出现走步、脚踢球或二次运球等违例情况，如果出现违例现象，违例一次增加一秒；如果出现违规现象，裁判员鸣哨罚下并提示错误，本次成绩无效，如再次违规，取消本项目测试成绩。

1.1.6　测试细则

（1）以个人为单位进行测试；

（2）每名受测者测试 2 次，取最好成绩；

（3）以秒为单位记录测试成绩，精确到小数点后 2 位（0.01 秒）；

（4）两名裁判员，一名裁判员计时，另外一名裁判员检查是否违例、违规。

1.2　行进间运球捡网球（9～12 岁）

1.2.1　适用群体

9～12 岁青少年。

1.2.2　测试目的

测试青少年移动运球时的手眼协调能力。

1.2.3 测试设备

标准篮球场地、标志桶、7 号篮球。

1.2.4 测试方法

在距离边线 3 米处放置与边线平行的标志桶 4 个，第一个标志桶距离端线 3 米，4 个标志桶之间的距离为 3 米，第四个标志距离中线 2 米。受测者从端线出发，右手运球至第一个标志桶做体前变向，球换至左手，同时探肩右手捡起放置在标志桶左侧的网球（捡起后立即扔掉），左手运球至第二个标志桶做体前变向，球换至右手，同时左手捡起放置在标志桶右侧的网球，依次至第四个标志桶，加速向前冲过中场线。（图 3－2）

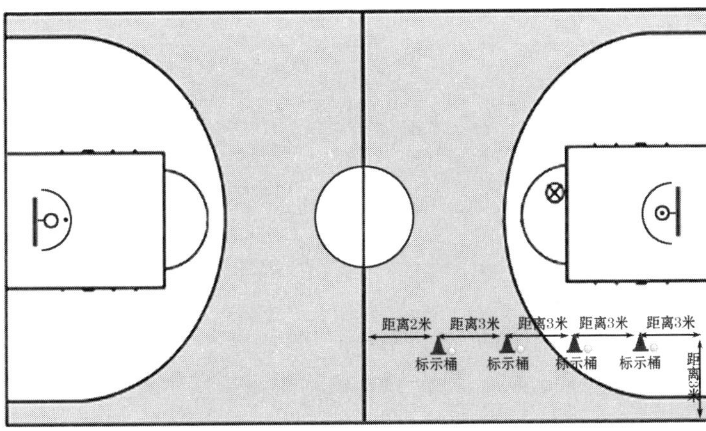

图 3－2　行进间运球捡网球（9～12 岁）测试方法图

1.2.5 测试要求

受测者运球时保持眼睛直视前方。运球高度保持在膝盖位置，不可以过高或者过低。测试过程中，不能出现走步、脚踢球或二次运球等违例情况，如果出现违例现象，违例一次增加一秒；如果出现违规现象，裁判员鸣哨罚下并提示错误，本次成绩无效，如再次违规，取消本项目测试成绩。

1.2.6 测试细则

（1）以个人为单位进行测试；

（2）每名受测者测试 2 次，取最好成绩；

（3）以秒为单位记录测试成绩，精确到小数点后 2 位（0.01 秒）；

（4）两名裁判员，一名裁判员计时，另外一名裁判员检查是否违例、违规。

2 单手十字移动运球

2.1 适用群体

7 ~ 8 岁青少年。

2.2 测试目的

测试青少年的位置意识与移动中运球能力。

2.3 测试设备

标准篮球场地、标志桶、秒表、5 号篮球。

2.4 测试方法

球场设 5 个标志桶（▲），每个标志桶均距离十字中心位置 5 米。受测者④持球站位于起点的右后侧，裁判员发出“开始”口令并开表计时，受测者迅速单手运球由标志桶②左侧通过，运球至标志桶③的右侧并且绕过标志桶③，运球至标志桶②的左侧并且绕过标志桶②，运球至标志桶⑤右侧并且绕过标志桶⑤，由标志桶②左侧通过，运球至标志桶④的右侧并且绕过标志桶④，运球至标志桶②左侧并且绕过标志桶②，运球回到起点①左侧后停表。（图 3 – 3）

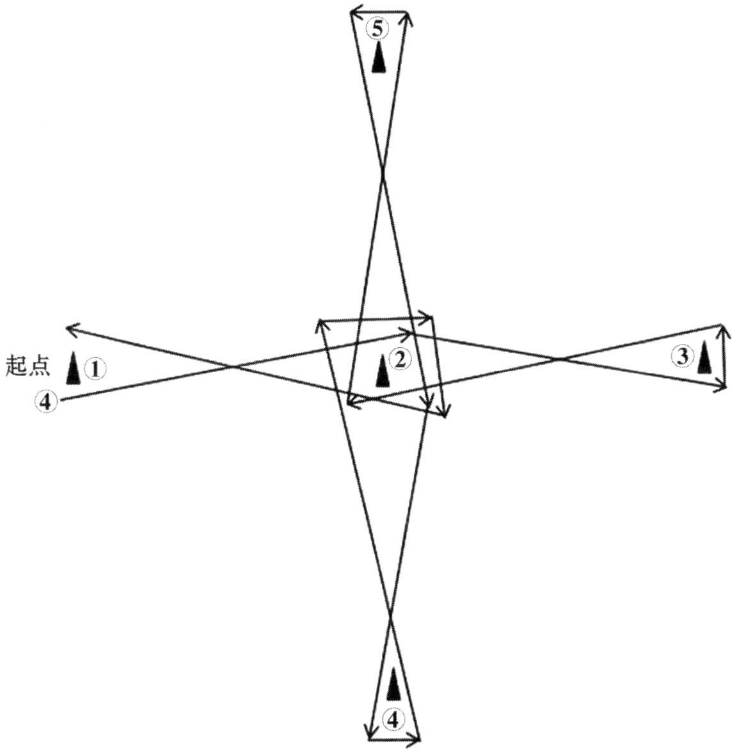

图3－3 单手十字移动运球测试方法图

2.5 测试场地

在标准篮球场地（28 米×15 米）进行测试，球场设 5 个标志桶（▲），每个标志桶均距离十字中心位置 5 米。

2.6 测试要求

测试过程中，不能出现走步、脚踢球或二次运球等违例情况，如果出现违例现象，违例一次增加一秒。测试必须按照规定方法、规定路线在规定区域内完成运球，如果出现违规现象，裁判员鸣哨罚下并提示错误，本次成绩无效，如再次违规，取消本项目测试成绩。

2.7 测试细则

（1）以个人为单位进行测试；
（2）每名受测者测试 2 次，取最好成绩；
（3）以秒为单位记录测试成绩，精确到小数点后 2 位（0.01 秒）；
（4）两名裁判员，一名裁判员计时，另外一名裁判员检查是否违例、违规。

3 半场左右手运球见线折返

3.1 适用群体

9 ~ 10 岁青少年。

3.2 测试目的

测试青少年的移动控球能力。

3.3 测试设备

标准篮球场地、秒表、篮球。

3.4 测试方法

受测者④持球站位于篮球场地端线外，呈准备姿势，裁判员发出“开始”口令并开表计时，受测者迅速用右手运球至罚球线，急停转身起动用左手运球返回到端线；急停转身起动用右手运球至球场中线，急停转身起动用左手运球返回到端线，裁判员停表。（图 3 – 4）

3.5 测试场地

在标准篮球场（28 米 × 15 米）进行测试，起点到第一折返线的距离为 5.8 米，起点到第二折返线的距离为 14 米。

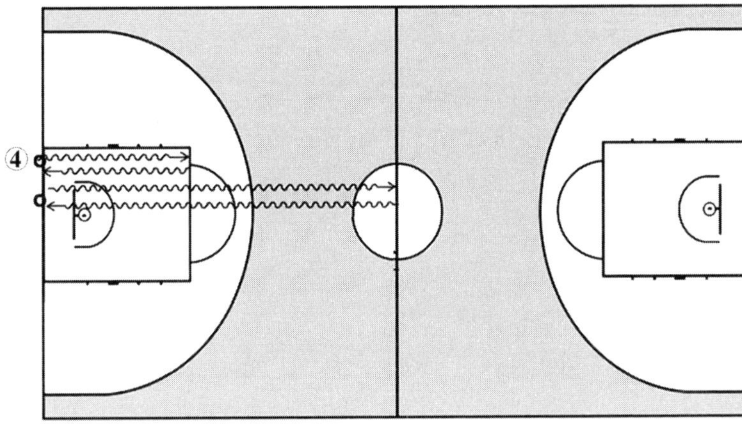

图 3-4 半场左右手运球见线折返测试方法图

3.6 测试要求

测试过程中，不能出现走步、脚踢球或二次运球等违例情况，如果出现违例现象，违例一次增加一秒。测试必须按照规定的方法、路线在规定区域内完成运球，在运球折返时必须脚踩线，如果出现违规现象，裁判员鸣哨罚下并提示错误，本次成绩无效，如再次违规，取消本项目测试成绩。

3.7 测试细则

（1）以组为单位进行测试；

（2）每名受测者测试 2 次，取最好成绩；

（3）以秒为单位记录测试成绩，精确到小数点后 2 位（0.01 秒）；

（4）四名裁判员，一名裁判员发令，一名裁判员计时兼检查端线位置是否违规，每一条折返线上安排一名裁判员检查是否出现违例、违规现象。

4 全场左右手运球见线折返

4.1 适用群体

11～18 岁青少年。

4.2 测试目的

测试青少年的控球能力和速度耐力。

4.3 测试设备

标准篮球场地、秒表、篮球。

4.4 测试方法

受测者④持球站位于篮球场地端线外，成准备姿势。裁判员发出“开始”口令并开表计时，受测者迅速用右手运球至罚球线，急停转身起动用左手运球返回到端线；急停转身起动用右手运球至球场中线，急停转身起动用左手运球返回到端线；急停转身起动用右手运球至前场罚球线，急停转身起动用左手运球返回到端线；急停转身起动用右手运球至前场端线，急停转身起动用左手运球返回到端线，共 4 个来回。受测者运球到端线后停表。（图 3－5）

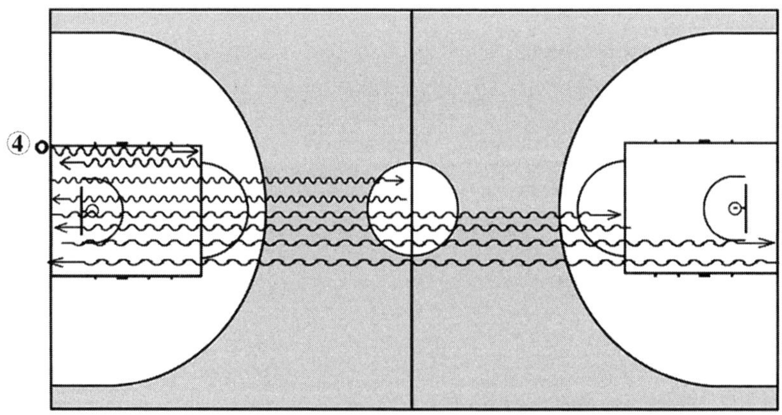

图 3－5 全场左右手运球见线折返测试方法图

4.5 测试场地

在标准篮球场（28米×15米）进行测试，起点到第一折返线的距离为5.8米，到第二折返线的距离为14米，到第三折返线的距离为22.2米，到第四折返线的距离为28米，每名受测者手中持一个篮球。

4.6 测试要求

测试过程中，不能出现走步、脚踢球或二次运球等违例情况，如果出现违例现象，违例一次增加一秒。测试必须按照规定的方法、路线在规定区域内完成运球，在运球折返时必须脚踩线，如果出现违规现象，裁判员鸣哨罚下并提示错误，本次成绩无效，如再次违规，取消本项目测试成绩。

4.7 测试细则

（1）以组为单位进行测试；

（2）每名受测者测试2次，取最好成绩；

（3）以秒为单位记录测试成绩，精确到小数点后2位（0.01秒）；

（4）六名裁判员，一名裁判员发令，一名裁判员计时兼检查端线位置是否违规，每一条折返线上安排一名裁判员，观察是否出现违例、违规现象。

5 全场综合运球上篮

5.1 适用群体

13～18岁青少年。

5.2 测试目的

测试青少年的运球推进速度和控球能力。

5.3 测试设备

标准篮球场地、标志桶、秒表、篮球。

5.4 测试方法

受测者④持球处于起点位置，当裁判员发出“开始”口令后，受测者右手快速运球至标志桶①前做体前变向换手运球动作，球移至左手；左手运球至标志桶②前做后转身运球动作，球移至右手；右手运球至标志桶③前做背后运球动作，球移至左手；左手运球至标志桶④前做胯下运球动作，球移至右手，右手运球接行进间右手投篮，如果球不进补篮直至球进。抢到篮板后右手迅速运球推进至另一侧球篮接行进间右手投篮，如果球不进补篮直至球进。抢到篮板后左手迅速运球推进至另一侧球篮接行进间左手投篮，如果球不进则必须补篮直至球进。抢到篮板后，左手快速运球至标志桶④前做体前变向换手运球动作，球移至右手；右手运球至标志桶③前做后转身运球动作，球移至左手；左手运球至标志桶②前做背后运球动作，球移至右手；右手运球至标志桶①前做胯下运球动作，球移至左手，左手运球接行进间左手投篮，如果球不进则必须补篮直至球完全进入篮筐后停表，记录所用时间。（图3－6）

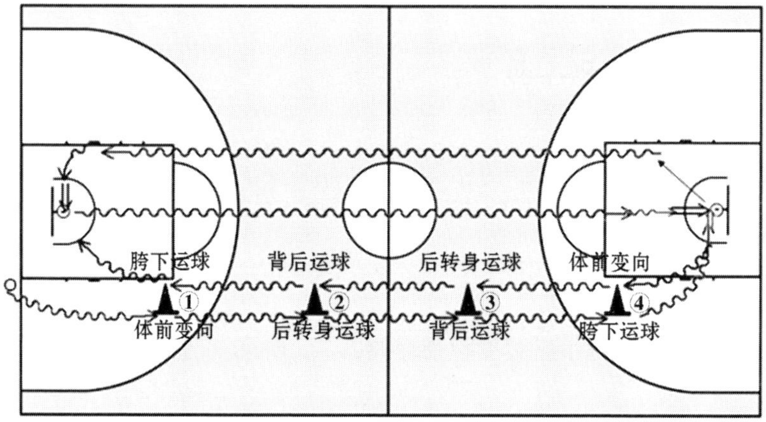

图3－6　全场综合运球上篮测试方法图

5.5　测试场地

在标准篮球场（28 米×15 米）进行测试，起点在限制区边线与端线交点上，起点到标志桶 1 的距离为 6.5 米，每个标志桶间的距离为 5 米，标志桶 4 到底线的距离为 6.5 米，4 个标志桶到边线距离为 3 米。（图 3－7）

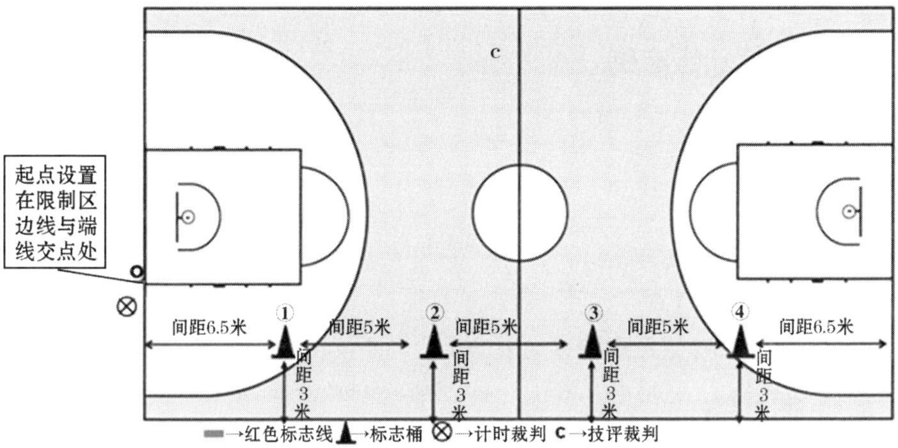

图 3－7　全场综合运球上篮测试场地示意图

5.6　测试要求

测试过程中，不能出现走步、脚踢球或二次运球等违例情况，如果出现违例现象，违例一次增加一秒。测试必须按照规定的方法、路线在规定区域内完成运球、投篮，测试中不能碰到标志桶，如果出现违规现象，裁判员鸣哨罚下并提示错误，本次成绩无效，如再次违规，取消本项目测试成绩。

5.7 测试细则

（1）以个人为单位进行测试；
（2）每名受测者测试 2 次，取最好成绩；
（3）以秒为单位记录测试成绩，精确到小数点后 2 位（0.01 秒）；
（4）两名裁判员，一名裁判员计时，另外一名裁判员检查是否违例、违规。

6 半场移动传接球

6.1 适用群体

7～12 岁青少年。

6.2 测试目的

测试青少年的位置意识与移动中的反应判断及传接球能力。

6.3 测试设备

标准篮球场地、秒表、篮球。

6.4 测试方法

篮球场地半场范围内按 1－2－2 进攻阵型站位。规定外线与外线之间用双手胸前传球，外线与内线之间用双手或单手反弹（击地）传球，内线与外线之间用双手头上传球。受测者需按规定的传球动作传球给相应位置的裁判员。受测者④站在⑨号裁判员右侧合适的位置，当裁判员发出“开始”口令后开表计时。受测者④（7～10 岁年龄组）迅速拿过⑨号裁判员手中篮球，将球用规定的传球动作传给⑧号裁判员；然后迅速跑向⑧号裁判员并从其手中拿过球，将球用规定的传球动作传给⑥号裁判员；然后迅速跑向⑥号裁判员并从其手中拿过球，将球用规定的传球动作传给⑨号裁判员；然后迅速跑向⑨号裁判员并从其手中拿过球，将球用规定的传球动作传给⑦号裁判员；然后迅速跑向⑦号裁判员并从其手中拿过球，将球用规定的传球动作传给⑤号裁判员；然后迅速跑向⑤号裁判员并从其手中拿过球，将球用规定的传球动作传给⑨号裁判员；然后迅速跑向⑨号裁判员并拍其手中的篮球，拍到球后立即停表。

受测者④（11～12岁年龄组）迅速拿起⑨号裁判员手中篮球，将球用规定的传球动作传给⑧号裁判员；然后迅速跑向⑧号裁判员并从其手中拿过球，将球用规定的传球动作传给⑥号裁判员；然后迅速跑向⑥号裁判员并从其手中拿过球，将球用规定的传球动作传给⑨号裁判员；然后迅速跑向⑨号裁判员并从其手中拿过球，将球用规定的传球动作传给⑦号裁判员；然后迅速跑向⑦号裁判员并从其手中拿过球，将球用规定的传球动作传给⑤号裁判员；然后迅速跑向⑤号裁判员并从其手中拿过球，将球用规定的传球动作传给⑨号裁判员；然后迅速跑向⑨号裁判员并从其手中拿过球，将球用规定的传球动作传给⑦号裁判员，然后迅速跑向⑦号裁判员并从其手中拿过球，将球用规定的传球动作传向⑤号裁判员，然后迅速跑向⑤号裁判员并从其手中拿过球，将球用规定的传球传给⑨号裁判员，然后跑向⑨号裁判员并从其手中拿过球，将球用规定的传球动作传给⑧号裁判员，然后迅速跑向⑧号裁判员并从其手中拿过球，将球用规定的传球动作传给⑥号裁判员，然后跑向⑥号裁判员并从其手中拿过球，将球用规定的传球动作传给⑨号裁判员，然后迅速跑向⑨号裁判员并拍其手中的篮球，拍到球后立即停表。

6.5　测试场地

在标准篮球场地（28米×15米）进行测试，1－2－2进攻阵型落位。⑤号裁判员、⑥号裁判员分别位于限制区抢篮板球分位线上；⑦号裁判员、⑧号裁判员分别位于罚球线的延长线与三分线的交点上；⑨号裁判员位于三分线的顶点。(图3－8)

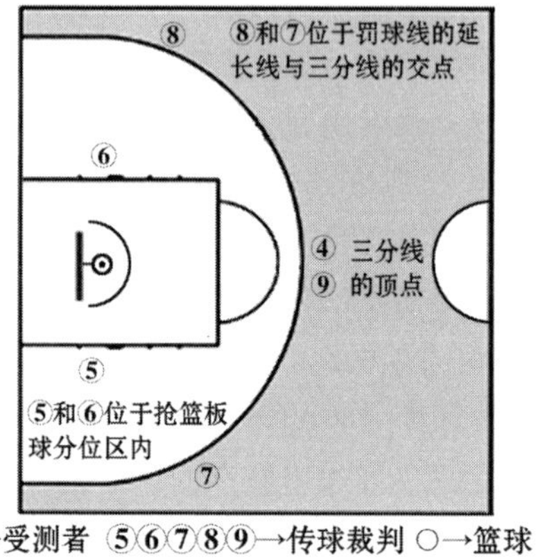

图3－8　半场移动传接球测试场地示意图

6.6　测试要求

不能出现走步、脚踢球等违例情况，如果出现违例现象，违例一次增加一秒；必须按规定的方式、路线传球，不能出现丢球的情况，如果出现，丢球一次增加一秒；如果出现其他违规情况，裁判员鸣哨罚下并提示错误，本次成绩无效，如再次违规，取消本项目测试成绩。

6.7　测试细则

（1）以个人为单位进行测试；

（2）每名受测者测试2次，取最好成绩；

（3）以秒为单位记录测试成绩，精确到小数点后2位（0.01秒）；

（4）七名裁判员，一名裁判员计时，一名裁判员检查是否违例、违规，另外五名裁判员负责传接球。

7 全场综合多点传接球

7.1 适用群体

13～18岁青少年。

7.2 测试目的

测试青少年的行进间控球能力与处理球能力。

7.3 测试设备

标准篮球场地、标志桶、秒表、篮球。

7.4 测试方法

受测者④持球站于起点，当裁判员发出“开始”口令后，开表计时。受测者双手头上传球给①号裁判员，然后快速移动至后场罚球线延长线位置；接①号裁判员传球后，直接双手胸前传球给⑥号裁判员，然后向中线快速移动；过中场后接⑥号裁判员回传球急停，采用击地（单手、双手）传球给⑧号裁判员，然后移动中跳步急停接⑧号裁判员传球，顺步突破进前场禁区；单手胸前传球给⑦号裁判员，快速跑至底线外接⑦号裁判员回传球，单手头上传球给⑥号裁判员；然后向中线快速移动，过中场后接⑥号裁判员回传球，单手背后传球给①号裁判员；快速移动至前场三分线，接①号裁判员传球后，单手体侧或单手胸前将球传入限制区内标志桶范围，击中停表。击不中，球越过标志桶停表，测试时间增加一秒。左手测试时，受测者位于左侧端线与限制区边线交汇点，测试路线对称相反。（图3－9）

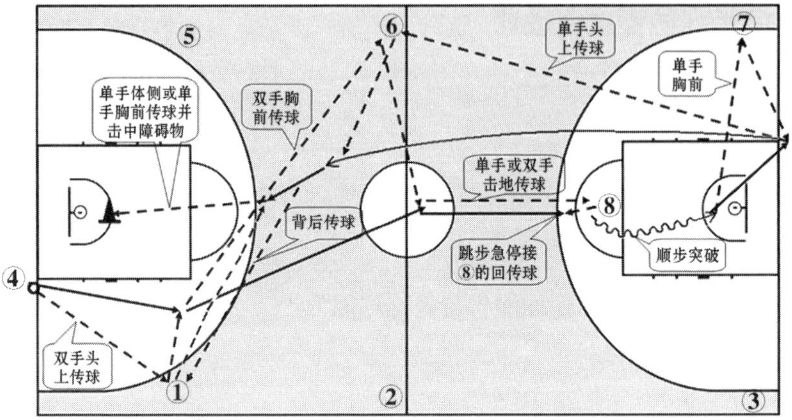

图 3－9　全场综合多点传接球测试方法图

7.5　测试场地

在标准篮球场（28 米×15 米）进行测试，起点位于端线与限制区边线交汇点。①号裁判员位置在罚球线延长线和边线的交点上，②号裁判员位于右侧前场场角位置。⑧号裁判员位于前场罚球区内。⑦号裁判员位于左侧 0°角三分线外，距离端线 1.5 米处。（图 3－10）

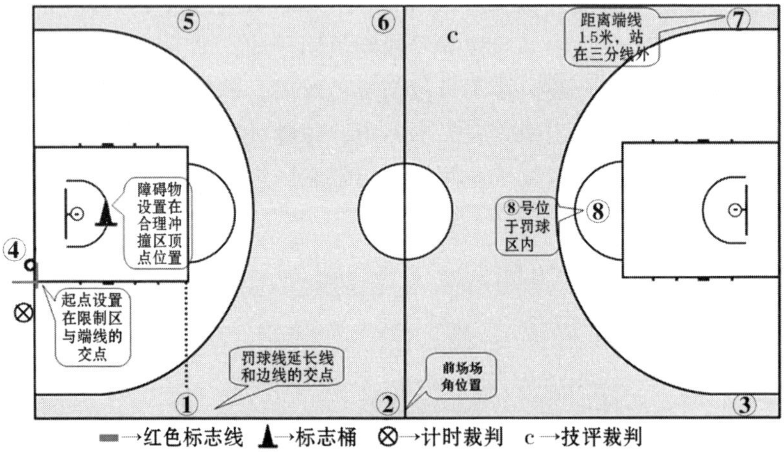

图 3－10　全场综合多点传接球测试场地示意图

7.6 测试要求

测试过程中，不能出现走步、脚踢球或二次运球等违例情况，如果出现，违例一次增加一秒。测试必须按照规定的方法、路线在规定区域内完成运球、传球，如果出现违规现象，裁判员鸣哨罚下并提示错误，本次成绩无效，如再次违规，取消本项目测试成绩。

7.7 测试细则

（1）以个人为单位进行测试；

（2）每名受测者测试2次，取最好成绩；

（3）以秒为单位记录测试成绩，精确到小数点后2位（0.01秒）；

（4）九名裁判员，一名裁判员计时，一名裁判员检查是否违例、违规，另外七名裁判员负责传接球。

8 左右手运球行进间高手、低手、双手投篮

8.1 适用群体

7～12岁青少年。

8.2 测试目的

测试青少年行进间投篮技术的稳定性。

8.3 测试设备

标准篮球场地、标志桶、秒表、篮球。

8.4 测试方法

受测者④位于篮球场地右侧45°三分线外，用右手运球做行进间高手投篮，如果球不进必须补篮直至球进。抢到篮板后右手迅速运球推进至左侧45°，绕过三分线处的标志桶，换为左手运球做行进间高手投篮，如果球不进必须补篮直至球进。抢到篮板后左手迅速运球推进至右侧45°起点；转身用右手运球做行进间

低手投篮，如果球不进必须补篮直至球进。抢到篮板后右手迅速运球推进至左侧45°，绕过三分线处的标志桶，换为左手运球做行进间低手投篮，如果球不进必须补篮直至球进。抢到篮板后左手迅速运球推进至右侧45°起点；转身用右手运球做行进间双手投篮，如果球不进补篮直至球进。抢到篮板后右手迅速运球推进至左侧45°，绕过三分线处的标志桶，换为左手运球做行进间双手投篮，如果球不进补篮直至球进。抢到篮板后左手迅速运球通过右侧45°起点停表并记录时间。(7~8岁年龄段用4号球，测试高手和双手投篮；9~12岁年龄段用5号球，测试高手、低手、双手投篮）（图3－11）

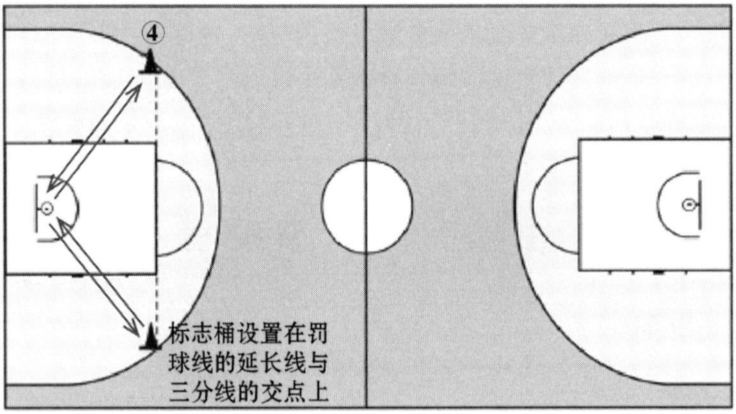

图3－11　左右手运球行进间高手、低手、双手投篮测试方法图

8.5　测试场地

须在标准篮球场（28米×15米）进行测试。分别在球场左右侧三分线设立2个标志桶，标志桶分别设置在罚球线的延长线与三分线的交点上。标志桶的外延在三分线的内延上。

8.6　测试要求

测试过程中，不能出现走步、脚踢球或二次运球等违例情况，如果出现，违例一次增加一秒。测试必须按照规定的顺序、方法、路线在规定区域内完成，投篮不中必须补篮直至球进，补篮方式不限，如果出现违规现象，裁判员鸣哨罚下并提示错误，本次成绩无效，如再次违规，取消本项目测试成绩。

8.7　测试细则

（1）以个人为单位进行测试；
（2）每名受测者测试 2 次，取最好成绩；
（3）以秒为单位记录测试成绩，精确到小数点后 2 位（0.01 秒）；
（4）两名裁判员，一名裁判员计时，另外一名裁判员检查是否违例、违规。

9　0°，45°，90° 5 步（7 步）后退投篮

9.1　适用群体

13～18 岁青少年。

9.2　测试目的

测试青少年原地投篮技术的稳定性。

9.3　测试设备

标准篮球场地、篮球、红色标记。

9.4　测试方法

受测者持球位于篮下，做单手肩上投篮准备动作，按由近及远的顺序在各投篮点进行单手肩上投篮（投篮不得起跳），并按标记点①（1 分）、标记点②（2 分）、标记点③（3 分）、标记点④（4 分）、标记点⑤（5 分）、标记点⑥（6 分）、标记点⑦（7 分）计算不同投篮点投中的分值（13～14 岁年龄段设 5 个投篮点，总分为 45 分；15～18 岁年龄段设 7 个投篮点，总分为 84 分）。两名队员协助抢篮板球并从篮下将球传给投篮队员。

9.5　测试场地

在标准篮球场（28 米×15 米）进行测试，15～18 岁年龄段分别在 0°，45°，

90°三个方向设置7个投篮点（每个投篮点用圈码标记），标记点①至标记点⑦每个标记点间距1米，从三分线外沿标记点7向篮圈中心点开始测量；13~14岁年龄段分别在0°，45°，90°三个方向设置5个投篮点，标记点①至标记点⑤每个标记点间距0.95米，从罚球线外沿标记点5向篮圈中心点开始测量。(图3-12)

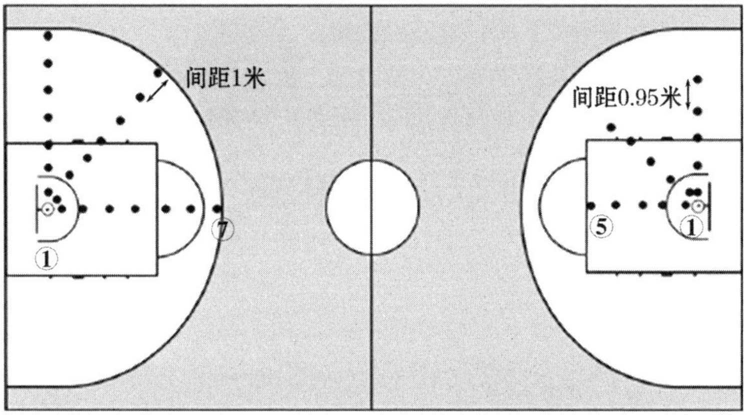

图3-12　0°，45°，90° 5步（7步）后退投篮测试场地示意图

9.6　测试要求

按规定顺序、规定方式在规定区域完成投篮；在标记点持球后，10秒内球必须投出，未在标记点投篮或投篮违规，裁判员告知其进球无效，不计入总分。(图3-13至图3-15)

图3－13　准备姿势

图3－14　出手姿势与篮球飞行弧线

图3－15　出手压腕动作

9.7 测试细则

（1）以个人为单位进行测试；
（2）每名受测者测试2次，取最好成绩；
（3）以分为单位记录测试成绩，保留个位数（1分）；
（4）两名裁判员，一名裁判员计数，另一名裁判员检查是否违规。

10 1分钟自投自抢

10.1 适用群体

13~14岁青少年。

10.2 测试目的

测试青少年移动中投篮技术的稳定性。

10.3 测试设备

标准篮球场地、秒表、篮球、胶带。

10.4 测试方法

受测者④持球站在4.5米线外任意一点，听到裁判员“开始”口令后，立即开始投篮。投篮后迅速抢篮板并运球到4.5米线外再次投篮，如此持续1分钟，裁判员宣告“时间到”并停止计时，记录投篮次数和投中次数，计算命中率。命中率=投中次数/投篮次数×100%。投篮次数不低于6次。（图3－16）

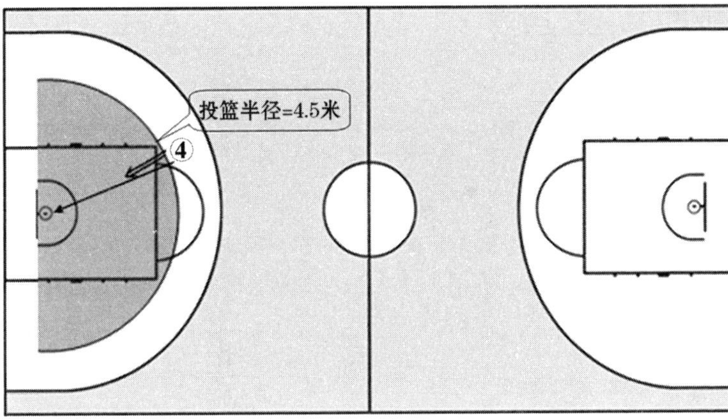

图 3－16　1 分钟自投自抢测试方法图

10.5　测试场地

在标准篮球场（28 米 ×15 米）进行测试，以篮圈中心在地面投影点为圆心，以 4.5 米为半径画半圆弧。

10.6　测试要求

测试过程中，踩线投篮投中无效，但要记录 1 次投篮。抢到篮板球必须运球到 4.5 米线外，不得走步违例，否则投中无效。球从篮板反弹到场外，不准其他人帮助捡球，否则投中无效。男队员跳投，否则投中无效，女队员投篮方式不限。投篮次数低于 8 次，每少 1 次命中率降低 5%；投篮次数低于 6 次，本次成绩无效。

10.7　测试细则

（1）以个人为单位进行测试；

（2）每名受测者测试 1 次；

（3）以“%”为单位记录测试成绩，精确到小数点后 1 位（0.1%）；

（4）四名裁判员，一名裁判员计时，一名裁判员记录投篮次数，一名裁判员记录投中次数，另一名裁判员检查是否违例、违规。

11　1分30秒自投自抢

11.1　适用群体

15～18岁青少年。

11.2　测试目的

测试青少年移动中投篮技术的稳定性。

11.3　测试设备

标准篮球场地、秒表、篮球、胶带。

11.4　测试方法

受测者④持球站在标志线外任意一点（外线受测者站在6.25米线外、内线受测者站在5.5米线外），听到“开始”口令后，立即开始投篮。投篮后迅速抢篮板并运球到6.25米（5.5米）线外再次投篮，如此继续1分30秒，裁判员宣告“时间到”并停止计时，记录投篮次数和投中次数，计算命中率。命中率＝投中次数/投篮次数×100%。投篮次数不低于8次。（图3－17）

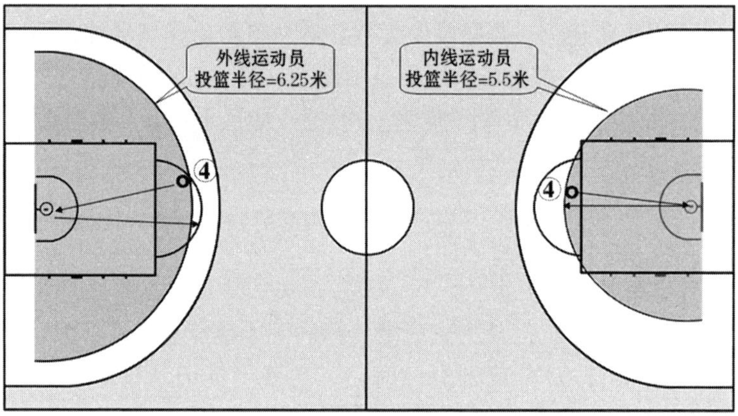

图3－17　1分30秒自投自抢测试方法图

11.5 测试场地

在标准篮球场（28 米 ×15 米）进行测试，以篮圈中心在地面投影点为圆心，分别以 5.5 米和 6.25 米为半径画半圆弧。外线受测者在 6.25 米线外投篮，内线受测者在 5.5 米线外投篮。

11.6 测试要求

测试过程中，踩线投篮投中无效，但要记录 1 次投篮；抢到篮板球必须运球到 6.25 米（5.5 米）线外，不得走步违例，否则投中无效；球从篮板反弹到场外，不准其他人帮助捡球，否则投中无效；男队员跳投，否则投中无效，女队员投篮方式不限；投篮次数低于 12 次，每少 1 次命中率降低 5%；投篮次数低于 8 次，本次成绩无效。

11.7 测试细则

（1）以个人为单位进行测试；

（2）每名受测者测试 1 次；

（3）以“%”为单位记录测试成绩，精确到小数点后 1 位（0.1%）；

（4）四名裁判员，一名裁判员计时，一名裁判员记录投篮次数，一名裁判员记录投中次数，另一名裁判员检查是否违例、违规。

12 限制区滑步

12.1 适用群体

7~12 岁青少年。

12.2 测试目的

测试青少年脚步动作的灵敏性和移动能力。

12.3 测试设备

标准篮球场地限制区、标志桶、秒表、胶带。

12.4 测试方法

受测者④位于标记点后并面向端线，当裁判员发出“开始”口令后，受测者从标记点后迅速起动，向前加速通过标志桶②左侧，向右防守横滑步移动至标志桶③右侧，向后后退跑通过标志桶④右侧，向左防守横滑步至标志桶①左侧；然后，向右防守横滑步至标志桶④右侧，向前加速通过标志桶③右侧，向左防守横滑步通过标志桶②右侧，向后后退跑通过标志桶①左侧并停表记录成绩。（图3－18）

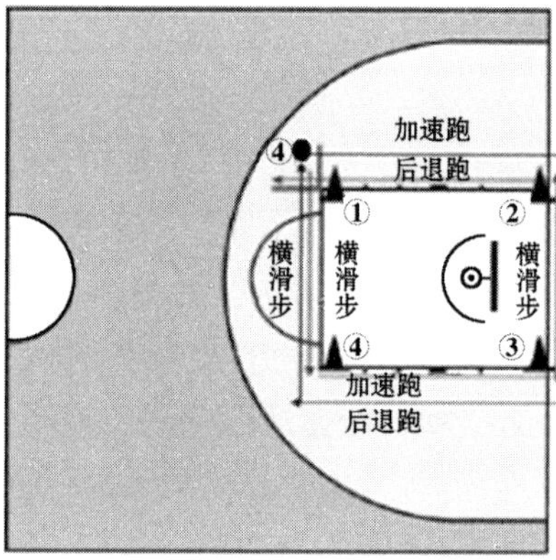

图3－18　限制区滑步测试方法图

12.5 测试场地

在标准篮球场（28米×15米）进行测试，4个标志桶分别设立在限制区的4个顶点上，标志桶的外延设置在限制区场角的内延上，在起点位置设立标记点。

12.6 测试要求

测试中需按规定完成相应的动作。未按规定完成相应动作，如移动过程中触碰标志桶、双脚未通过标志桶外延等均视为违规，如果出现违规现象，本次测试成绩无效，如再次违规，即取消本项目测试成绩。

12.7 测试细则

（1）以个人为单位进行测试；
（2）每名受测者测试2次，取最好成绩；
（3）以秒为单位记录测试成绩，精确到小数点后2位（0.01秒）；
（4）两名裁判员，一名裁判员计时，另外一名裁判员检查是否违规。

附　录

附录一　7~18岁青少年篮球测试器材规格标准

附1－1　测试项目所需器材及规格

序号	项目	所需器材及规格
1	坐位体前屈	坐位体前屈测试仪
2	一级腹桥	软垫或瑜伽垫、秒表
3	三级腹桥	软垫或瑜伽垫、秒表
4	五级腹桥	软垫或瑜伽垫、秒表
5	八级腹桥	软垫或瑜伽垫、秒表
6	立定跳远	标准篮球场地、卷尺
7	原地双脚起跳摸高	标准篮球场地、白粉、测试篮板或摸高器
8	助跑单脚起跳摸高	标准篮球场地、白粉、测试篮板或摸高器
9	1分钟单足交替跳绳	标准篮球场地、跳绳、秒表
10	1分钟双摇跳绳	标准篮球场地、跳绳、秒表
11	燕式平衡	秒表
12	肩回环	标准篮球场地、带刻度的木棍（0~150厘米）
13	5.8米加速跑	标准篮球场地、秒表

续表

序号	项目	所需器材及规格
14	3/4 全场加速跑	标准篮球场地、秒表
15	原地跳起双手头上传球	标准篮球场地、篮球、皮尺
16	原地跳起转体双手头上传球	标准篮球场地、篮球、皮尺
17	原地背后抛篮球	标准篮球场地、卷尺、篮球［7～8 岁年龄段（5 号球）、9～10 岁年龄段（7 号球）］
18	限制区滑步	标准篮球场地限制区、标志桶、秒表、胶带
19	十字脚步移动	标准篮球场地、标志桶、秒表、胶带
20	单手十字移动运球	标准篮球场地、标志桶、秒表、篮球
21	行进间运球捡网球	标准篮球场地、标志桶、秒表、篮球［7～8 岁年龄段（5 号球）、9～10 岁年龄段（7 号球）］
22	半场移动传接球	标准篮球场地、秒表、篮球
23	左右手运球行进间高手、低手、双手投篮	标准篮球场地、标志桶、秒表、篮球
24	半场左右手运球见线折返	标准篮球场地、秒表、篮球
25	全场左右手运球见线折返	标准篮球场地、秒表、篮球
26	0°，45°，90° 5 步后退投篮	标准篮球场地、篮球、红色标志
27	0°，45°，90° 7 步后退投篮	标准篮球场地、篮球、红色标志
28	全场综合运球上篮	标准篮球场地、标志桶、秒表、篮球
29	全场综合多点传接球	标准篮球场地、标志桶、秒表、篮球
30	1 分钟自投自抢	标准篮球场地、秒表、篮球、胶带
31	1 分 30 秒自投自抢	标准篮球场地、秒表、篮球、胶带
32	15 米多次折返跑	标准篮球场地、秒表

注：以上未标明规格的篮球均为 7 号球。

附录二　7～18 岁青少年篮球体能评定标准

附 2－1　17～18 岁青少年男子篮球体能考核成绩评分表

分值	坐位体前屈/厘米	八级腹桥/秒	立定跳远/厘米	原地双脚起跳摸高/厘米	助跑单脚起跳摸高/厘米	1 分钟双摇跳绳/个	肩回环/厘米	5.8 米加速跑/秒	3/4 全场加速跑/秒	原地跳起转体双手头上传球/米	15 米×17 折返跑/秒
100	22.0	80.00	295	315	335	128	50.0	1.20	3.17	18.0	55.00
99	21.0	79.50	290	312	332	124	52.0	1.21	3.20	17.5	55.50
98	20.0	79.00	285	309	329	120	54.0	1.22	3.23	17.0	56.00
97	19.0	78.50	280	306	326	116	55.0	1.23	3.26	16.5	56.50
96	18.0	78.00	277	304	323	112	56.0	1.24	3.29	16.1	57.00
95	17.0	77.50	274	303	320	108	57.0	1.25	3.32	15.7	57.50
94	16.0	77.00	271	302	318	104	58.0	1.26	3.34	15.3	58.00
93	15.0	76.50	268	301	316	100	59.0	1.27	3.36	15.0	58.50
92	14.0	76.00	265	300	315	97	60.0	1.28	3.38	14.7	59.00
91	13.0	75.50	262	299	314	94	61.0	1.29	3.40	14.4	59.50
90	12.0	75.00	259	298	313	91	62.0	1.30	3.42	14.2	60.00
89	11.5	74.60	256	297	312	88	63.0	1.31	3.44	14.0	60.30
88	11.0	74.20	254	296	311	85	64.0	1.32	3.46	13.8	60.60
87	10.5	73.80	252	295	310	82	65.0	1.33	3.48	13.6	60.90
86	10.0	73.40	250	294	309	79	66.0	1.34	3.50	13.4	61.20
85	9.7	73.00	249	293	308	76	67.0	1.35	3.52	13.2	61.50
84	9.4	72.60	248	292	307	74	68.0	1.36	3.54	13.0	61.80

续表

分值	坐位体前屈/厘米	八级腹桥/秒	立定跳远/厘米	原地双脚起跳摸高/厘米	助跑单脚起跳摸高/厘米	1分钟双摇跳绳/个	肩回环/厘米	5.8米加速跑/秒	3/4全场加速跑/秒	原地跳起转体双手头上传球/米	15米×17折返跑/秒
83	9.1	72.20	247	291	306	72	69.0	1.37	3.56	12.8	62.10
82	8.8	71.80	246	290	305	70	70.0	1.38	3.58	12.6	62.40
81	8.5	71.40	245	289	304	68	71.0	1.39	3.60	12.4	62.70
80	8.2	71.00	244	288	303	66	72.0	1.40	3.62	12.2	63.00
79	7.9	70.60	243	287	302	64	73.0	1.41	3.64	12.0	63.30
78	7.6	70.20	242	286	301	62	74.0	1.42	3.66	11.8	63.60
77	7.3	69.80	241		300	60	75.0	1.43	3.68	11.6	63.90
76	7.0	69.40	240	285	299	59	76.0	1.44	3.70	11.4	64.20
75	6.7	69.00	239		298	58	77.0	1.45	3.71	11.2	64.50
74	6.4	68.60	238	284	297	57	78.0	1.46	3.72	11.0	64.80
73	6.1	68.20	237		296	56	79.0	1.47	3.73	10.8	65.10
72	5.8	67.80	236	283	295	55	80.0	1.48	3.74	10.6	65.40
71	5.6	67.40	235			54	80.5	1.49	3.75	10.4	65.70
70	5.4	67.00	234	282	294	53	81.0	1.50	3.76	10.2	66.00
69	5.2	66.60	233			52	81.5	1.51	3.77	10.0	66.20
68	5.0	66.20	232	281	293	51	82.0	1.52	3.78	9.9	66.40
67	4.8	65.80	231				82.5	1.53	3.79	9.8	66.60
66	4.6	65.40	230	280	292	50	83.0	1.54	3.80	9.7	66.80
65	4.4	65.00					83.5	1.55	3.81	9.6	67.00
64	4.2	64.60	229	279	291	49	84.0	1.56	3.82	9.5	67.20
63	4.0	64.20					84.5	1.57	3.83	9.4	67.40

续表

分值	坐位体前屈/厘米	八级腹桥/秒	立定跳远/厘米	原地双脚起跳摸高/厘米	助跑单脚起跳摸高/厘米	1 分钟双摇跳绳/个	肩回环/厘米	5.8 米加速跑/秒	3/4 全场加速跑/秒	原地跳起转体双手头上传球/米	15 米×17 折返跑/秒
62	3.8	63.80	228	278	290	48	85.0	1.58	3.84	9.3	67.60
61	3.6	63.40					85.5	1.59	3.85	9.2	67.80
60	3.4	63.00	227	277	289	47	86.0	1.60	3.86	9.1	68.00
59	3.2	62.60					86.5	1.61	3.87	9.0	68.20
58	3.0	62.20	226	276	288	46	87.0	1.62	3.88		68.40
57	2.8	61.80					87.5	1.63	3.89	8.9	68.60
56	2.6	61.40	225	275	287	45	88.0	1.64	3.90		68.80
55	2.4	61.00					88.5	1.65	3.91	8.8	69.00
54	2.2	60.60	224	274	286	44	89.0		3.92		69.20
53	2.0	60.20					89.5	1.66	3.93	8.7	69.40
52	1.8	59.80	223	273	285	43	90.0		3.94		69.60
51	1.6	59.40					90.5	1.67	3.95	8.6	69.80
50	1.4	59.00	222	272	284	42	91.0		3.96		70.00
49	1.2	58.60					91.5	1.68	3.97	8.5	70.20
48	0.9	58.20	221	271	283	41	92.0		3.98		70.40
47	0.6	57.80					92.5	1.69	3.99	8.4	70.60
46	0.3	57.40	220	270	282	40	93.0		4.00		70.80
45	0.0	57.00	219				93.5	1.70	4.01	8.3	71.00
44	-0.3	56.50	218	269	281	39	94.0		4.02		71.20
43	-0.6	56.00	217				94.5	1.71	4.03	8.2	71.40
42	-0.9	55.50	216	268	280	38	95.0		4.04		71.60

续表

分值	坐位体前屈/厘米	八级腹桥/秒	立定跳远/厘米	原地双脚起跳摸高/厘米	助跑单脚起跳摸高/厘米	1分钟双摇跳绳/个	肩回环/厘米	5.8米加速跑/秒	3/4全场加速跑/秒	原地跳起转体双手头上传球/米	15米×17折返跑/秒
41	-1.2	55.00	215				95.5	1.72	4.05	8.1	71.80
40	-1.6	54.50	214	267	279	37	96.0		4.06		72.00
39	-2.0	54.00	213				96.5	1.73	4.07	8.0	72.20
38	-2.4	53.50	212	266	278	36	97.0		4.08		72.40
37	-2.8	53.00	211				97.5	1.74	4.09	7.9	72.60
36	-3.2	52.50	210	265	277	35	98.0	1.75	4.10		72.80
35	-3.6	52.00	209				98.5	1.76	4.12	7.8	73.00
34	-4.0	51.50	208	264	276	34	99.0	1.77	4.14		73.40
33	-4.4	51.00	207				99.5	1.78	4.16	7.7	73.80
32	-4.8	50.50	206	263	275	33	100.0	1.79	4.18		74.20
31	-5.2	50.00	205				100.5	1.80	4.20	7.6	74.60
30	-5.6	49.50	204	262	274	32	101.0	1.81	4.22		75.00
29	-6.0	49.00	203				101.5	1.82	4.24	7.5	75.40
28	-6.4	48.50	202	261	273	31	102.0	1.83	4.26		75.80
27	-6.8	48.00	201				102.5	1.84	4.28	7.4	76.20
26	-7.2	47.50	200	260	272	30	103.0	1.85	4.30		76.60
25	-7.6	47.00	199	259		29	103.5	1.86	4.33	7.3	77.00
24	-8.0	46.50	198	258	271	28	104.0	1.87	4.36		77.40
23	-8.4	46.00	197	257		27	104.5	1.88	4.39	7.2	77.80
22	-8.8	45.50	196	256	270	26	105.0	1.89	4.42		78.20
21	-9.2	45.00	195	255	269	25	105.5	1.90	4.45	7.1	78.60

续表

分值	坐位体前屈/厘米	八级腹桥/秒	立定跳远/厘米	原地双脚起跳摸高/厘米	助跑单脚起跳摸高/厘米	1分钟双摇跳绳/个	肩回环/厘米	5.8米加速跑/秒	3/4全场加速跑/秒	原地跳起转体双手头上传球/米	15米×17折返跑/秒
20	-9.6	44.50	194	254	268	24	106.0	1.91	4.48	7.0	79.00
19	-10.0	44.00	193	253	267	23	106.5	1.92	4.51	6.9	79.40
18	-10.5	43.50	192	252	266	22	107.0	1.93	4.54	6.8	79.80
17	-11.0	43.00	191	251	265	21	108.0	1.94	4.57	6.7	80.20
16	-11.5	42.50	190	250	264	20	109.0	1.95	4.60	6.6	80.60
15	-12.0	42.00	189	249	263	19	110.0	1.96	4.63	6.5	81.00
14	-12.5	41.50	188	248	262	18	111.0	1.97	4.66	6.4	81.40
13	-13.0	41.00	187	247	261	17	112.0	1.98	4.69	6.3	81.80
12	-13.5	40.50	186	246	260	16	113.0	1.99	4.72	6.2	82.20
11	-14.0	40.00	185	245	259	15	114.0	2.00	4.76	6.1	82.60
10	-14.5	39.00	184	244	258	14	115.0	2.01	4.80	6.0	83.00
9	-15.0	38.00	183	243	257	13	116.0	2.02	4.84	5.9	83.50
8	-15.5	37.00	182	242	256	12	117.0	2.03	4.88	5.8	84.00
7	-16.0	36.00	181	241	254	11	118.0	2.04	4.92	5.7	84.50
6	-16.5	35.00	180	240	252	10	119.0	2.05	4.96	5.6	85.00
5	-17.0	34.00	178	239	250	9	120.0	2.06	5.00	5.5	85.50
4	-18.0	33.00	176	238	248	8	122.0	2.07	5.05	5.4	86.00
3	-19.0	32.00	174	237	246	7	124.0	2.08	5.10	5.2	86.50
2	-20.0	31.00	172	236	244	5	126.0	2.09	5.15	5.0	87.00
1	-21.0	30.00	170	235	242	3	128.0	2.10	5.20	4.8	87.50

附 2-2 17～18 岁青少年女子篮球体能考核成绩评分表

分值	坐位体前屈/厘米	八级腹桥/秒	立定跳远/厘米	原地双脚起跳摸高/厘米	助跑单脚起跳摸高/厘米	1 分钟双摇跳绳/个	肩回环/厘米	5.8 米加速跑/秒	3/4 全场加速跑/秒	原地跳起转体双手头上传球/米	15 米×17 折返跑/秒
100	26.0	80.00	238	295	298	136	40.0	1.24	3.35	14.5	57.00
99	24.0	79.50	234	292	295	132	45.0	1.26	3.40	14.1	58.00
98	23.0	79.00	230	289	292	128	50.0	1.28	3.45	13.7	58.50
97	22.0	78.50	226	286	289	124	52.0	1.30	3.50	13.4	59.00
96	21.0	78.00	223	284	286	120	54.0	1.32	3.55	13.1	59.50
95	20.0	77.50	220	282	284	116	55.0	1.34	3.60	12.8	60.00
94	19.0	77.00	218	280	282	112	56.0	1.36	3.65	12.5	60.30
93	18.0	76.50	216	278	280	108	57.0	1.37	3.70	12.2	60.60
92	17.0	76.00	214	276	278	104	58.0	1.38	3.75	11.9	60.90
91	16.0	75.50	212	275	276	100	59.0	1.39	3.80	11.6	61.20
90	15.0	75.00	210	274	275	97	60.0	1.40	3.85	11.3	61.50
89	14.0	74.60	208	273	274	94	61.0	1.41	3.90	11.0	61.80
88	13.0	74.20	206	272	273	91	62.0	1.42	3.95	10.7	62.10
87	12.5	73.80	204	271	272	88	63.0	1.43	4.00	10.4	62.40
86	12.0	73.40	202	270	271	85	64.0	1.44	4.02	10.1	62.70
85	11.5	73.00	200	269	270	82	65.0	1.45	4.04	9.8	63.00
84	11.0	72.60	198	268	269	79	66.0	1.46	4.06	9.5	63.30
83	10.5	72.20	196	267	268	76	67.0	1.47	4.08	9.2	63.60
82	10.0	71.80	194	266	267	74	68.0	1.48	4.10	9.0	63.90
81	9.7	71.40	192	265	266	72	69.0	1.49	4.12	8.8	64.20
80	9.4	71.00	190	264	265	70	70.0	1.50	4.14	8.6	64.50

续表

分值	坐位体前屈/厘米	八级腹桥/秒	立定跳远/厘米	原地双脚起跳摸高/厘米	助跑单脚起跳摸高/厘米	1分钟双摇跳绳/个	肩回环/厘米	5.8米加速跑/秒	3/4全场加速跑/秒	原地跳起转体双手头上传球/米	15米×17折返跑/秒
79	9.1	70.60	189	263	264	68	70.5	1.51	4.16	8.5	64.80
78	8.8	70.20	188	262	263	66	71.0	1.52	4.18	8.4	65.10
77	8.5	69.80	187	261	262	64	71.5	1.53	4.20	8.3	65.40
76	8.2	69.40	186	260	261	62	72.0	1.54	4.21	8.2	65.70
75	7.9	69.00	185		260	60	72.5	1.55	4.22	8.1	66.00
74	7.6	68.60	184	259		59	73.0	1.56	4.23	8.0	66.20
73	7.3	68.20	183		259	58	73.5	1.57	4.24	7.9	66.40
72	7.0	67.80	182	258		57	74.0	1.58	4.25	7.8	66.60
71	6.7	67.40	181		258	56	74.5	1.59	4.26	7.7	66.80
70	6.4	67.00	180	257		55	75.0	1.60	4.27	7.6	67.00
69	6.1	66.60			257	54	75.5	1.61	4.28	7.5	67.20
68	5.8	66.20	179	256		53	76.0	1.62	4.29	7.4	67.40
67	5.6	65.80			256	52	76.5	1.63	4.30	7.3	67.60
66	5.4	65.40	178	255		51	77.0	1.64	4.31	7.2	67.80
65	5.2	65.00			255		77.5	1.65	4.32	7.1	68.00
64	5.0	64.60	177	254		50	78.0	1.66	4.33	7.0	68.20
63	4.8	64.20			254		78.5	1.67	4.34	6.9	68.40
62	4.6	63.80	176	253		49	79.0	1.68	4.35	6.8	68.60
61	4.4	63.40			253		79.5	1.69	4.36	6.7	68.80
60	4.2	63.00	175	252		48	80.0	1.70	4.37	6.6	69.00
59	4.0	62.60			252		80.5	1.71	4.38		69.20

续表

分值	坐位体前屈/厘米	八级腹桥/秒	立定跳远/厘米	原地双脚起跳摸高/厘米	助跑单脚起跳摸高/厘米	1 分钟双摇跳绳/个	肩回环/厘米	5.8 米加速跑/秒	3/4 全场加速跑/秒	原地跳起转体双手头上传球/米	15 米×17 折返跑/秒
58	3.8	62.20	174	251		47	81.0	1.72	4.39	6.5	69.40
57	3.6	61.80			251		81.5	1.73	4.40		69.60
56	3.4	61.40	173	250		46	82.0	1.74	4.41	6.4	69.80
55	3.2	61.00			250		82.5	1.75	4.42		70.00
54	3.0	60.60	172	249		45	83.0	1.76	4.43		70.20
53	2.7	60.20			249		83.5	1.77	4.44	6.3	70.40
52	2.4	59.80	171	248		44	84.0	1.78	4.45		70.60
51	2.1	59.40			248		84.5	1.79	4.46		70.80
50	1.8	59.00	170	247		43	85.0	1.80	4.47	6.2	71.00
49	1.5	58.60			247		85.5	1.81	4.48		71.20
48	1.2	58.20	169	246		42	86.0	1.82	4.49		71.40
47	0.9	57.80			246		86.5	1.83	4.50	6.1	71.60
46	0.6	57.40	168	245		41	87.0	1.84	4.51		71.80
45	0.3	57.00			245		87.5	1.85	4.52		72.00
44	0.0	56.50	167	244		40	88.0	1.86	4.53	6.0	72.20
43	-0.3	56.00			244		88.5	1.87	4.54		72.40
42	-0.6	55.50	166	243		39	89.0	1.88	4.55		72.60
41	-0.9	55.00			243		89.5	1.89	4.56	5.9	72.80
40	-1.2	54.50	165	242		38	90.0	1.90	4.57		73.00
39	-1.5	54.00			242		90.5	1.91	4.58		73.40
38	-1.8	53.50	164	241		37	91.0	1.92	4.59	5.8	73.80

续表

分值	坐位体前屈/厘米	八级腹桥/秒	立定跳远/厘米	原地双脚起跳摸高/厘米	助跑单脚起跳摸高/厘米	1分钟双摇跳绳/个	肩回环/厘米	5.8米加速跑/秒	3/4全场加速跑/秒	原地跳起转体双手头上传球/米	15米×17折返跑/秒
37	-2.1	53.00			241		91.5	1.93	4.60		74.20
36	-2.4	52.50	163	240		36	92.0	1.94	4.61		74.60
35	-2.7	52.00			240		92.5	1.95	4.62	5.7	75.00
34	-3.0	51.50	162	239		35	93.0	1.96	4.63		75.40
33	-3.4	51.00			239		93.5	1.97	4.64	5.6	75.80
32	-3.8	50.50	161	238		34	94.0	1.98	4.65		76.20
31	-4.2	50.00			238		94.5	1.99	4.66	5.5	76.60
30	-4.6	49.50	160	237		33	95.0	2.00	4.67		77.00
29	-5.0	49.00			237		95.5	2.01	4.68	5.4	77.40
28	-5.4	48.50	159	236		32	96.0	2.02	4.69		77.80
27	-5.8	48.00			236		96.5	2.03	4.70	5.3	78.20
26	-6.2	47.50	158	235		31	97.0	2.04	4.72		78.60
25	-6.6	47.00			235		97.5	2.05	4.74	5.2	79.00
24	-7.0	46.50	157	234		30	98.0	2.06	4.76		79.40
23	-7.5	46.00			234	29	98.5	2.07	4.78	5.1	79.80
22	-8.0	45.50	156	233		28	99.0	2.08	4.80		80.20
21	-8.5	45.00			233	27	99.5	2.09	4.82	5.0	80.60
20	-9.0	44.50	155	232		26	100.0	2.10	4.84		81.00
19	-9.5	44.00			232	25	101.0	2.11	4.86	4.9	81.40
18	-10.0	43.50	154	231		24	102.0	2.12	4.88		81.80
17	-10.5	43.00			231	23	103.0	2.13	4.90	4.8	82.20

续表

分值	坐位体前屈/厘米	八级腹桥/秒	立定跳远/厘米	原地双脚起跳摸高/厘米	助跑单脚起跳摸高/厘米	1 分钟双摇跳绳/个	肩回环/厘米	5.8 米加速跑/秒	3/4 全场加速跑/秒	原地跳起转体双手头上传球/米	15 米×17 折返跑/秒
16	-11.0	42.50	153	230		22	104.0	2.14	4.92		82.60
15	-11.5	42.00		229	230	21	105.0	2.15	4.94	4.7	83.00
14	-12.0	41.50	152	228	229	20	106.0	2.16	4.96		83.40
13	-12.5	41.00		227	228	19	107.0	2.17	4.99	4.6	83.80
12	-13.0	40.50	151	226	227	18	108.0	2.18	5.02		84.20
11	-13.5	40.00		225	226	17	109.0	2.19	5.05	4.5	84.60
10	-14.0	39.00	150	224	225	16	110.0	2.20	5.08		85.00
9	-14.5	38.00	149	223	224	15	111.0	2.22	5.11	4.4	85.50
8	-15.0	37.00	148	222	223	14	112.0	2.24	5.15		86.00
7	-15.5	36.00	147	221	222	13	113.0	2.26	5.19	4.3	86.50
6	-16.0	35.00	146	220	221	12	115.0	2.29	5.23		87.00
5	-16.5	34.00	145	219	220	11	117.0	2.32	5.27	4.2	87.50
4	-17.0	33.00	143	218	219	10	119.0	2.35	5.31		88.00
3	-17.5	32.00	141	217	218	8	121.0	2.38	5.35	4.1	88.50
2	-18.0	31.00	139	216	216	6	123.0	2.41	5.39		89.00
1	-18.5	30.00	137	215	214	4	125.0	2.44	5.43	4.0	89.50

附2-3　15~16岁青少年男子篮球体能考核成绩评分表

分值	坐位体前屈/厘米	八级腹桥/秒	立定跳远/厘米	原地双脚起跳摸高/厘米	助跑单脚起跳摸高/厘米	1分钟双摇跳绳/个	肩回环/厘米	5.8米加速跑/秒	3/4全场加速跑/秒	原地跳起转体双手头上传球/米	15米×17折返跑/秒
100	21.0	80.00	268	308	320	120	47.0	1.23	3.23	16.5	56.00
99	20.0	79.50	265	306	318	115	49.0	1.24	3.26	16.1	57.00
98	19.0	79.00	262	304	316	110	50.0	1.25	3.29	15.7	57.50
97	18.0	78.50	259	303	315	105	51.0	1.26	3.32	15.3	58.00
96	17.0	78.00	256	302	314	102	52.0	1.27	3.34	15.0	58.50
95	16.0	77.50	254	301	313	99	53.0	1.28	3.36	14.7	59.00
94	15.0	77.00	252	300	312	96	54.0	1.29	3.38	14.4	59.40
93	14.0	76.50	250	299	311	93	55.0	1.30	3.40	14.2	59.80
92	13.0	76.00	249	298	310	90	56.0	1.31	3.42	14.0	60.20
91	12.0	75.50	248	297	309	87	57.0	1.32	3.44	13.8	60.60
90	11.5	75.00	247	296	308	84	58.0	1.33	3.46	13.6	61.00
89	11.0	74.50	246	295	307	81	59.0	1.34	3.48	13.4	61.40
88	10.5	74.00	245	294	306	78	60.0	1.35	3.50	13.2	61.80
87	10.0	73.50	244	293	305	76	61.0	1.36	3.52	13.0	62.20
86	9.7	73.00	243	292	304	74	62.0	1.37	3.54	12.8	62.60
85	9.4	72.50	242	291	303	72	63.0	1.38	3.56	12.6	63.00
84	9.1	72.00	241	290	302	70	64.0	1.39	3.58	12.4	63.30
83	8.8	71.50	240	289	301	68	65.0	1.40	3.60	12.2	63.60
82	8.5	71.00	239	288	300	66	66.0	1.41	3.62	12.0	63.90
81	8.2	70.50	238	287	299	64	67.0	1.42	3.64	11.8	64.20
80	7.9	70.00	237	286	298	62	68.0	1.43	3.66	11.6	64.50

续表

分值	坐位体前屈/厘米	八级腹桥/秒	立定跳远/厘米	原地双脚起跳摸高/厘米	助跑单脚起跳摸高/厘米	1分钟双摇跳绳/个	肩回环/厘米	5.8米加速跑/秒	3/4全场加速跑/秒	原地跳起转体双手头上传球/米	15米×17折返跑/秒
79	7.6	69.60	236		297	60	69.0	1.44	3.68	11.4	64.80
78	7.3	69.20	235	285	296	59	70.0	1.45	3.70	11.2	65.10
77	7.0	68.80	234		295	58	71.0	1.46	3.71	11.0	65.40
76	6.7	68.40	233	284		57	72.0	1.47	3.72	10.8	65.70
75	6.4	68.00	232		294	56	73.0	1.48	3.73	10.6	66.00
74	6.1	67.60	231	283		55	74.0	1.49	3.74	10.4	66.30
73	5.8	67.20	230		293	54	75.0	1.50	3.75	10.2	66.60
72	5.6	66.80		282		53	76.0	1.51	3.76	10.0	66.90
71	5.4	66.40	229		292	52	77.0	1.52	3.77	9.9	67.20
70	5.2	66.00		281		51	78.0	1.53	3.78	9.8	67.50
69	5.0	65.60	228		291	50	79.0	1.54	3.79	9.7	67.80
68	4.8	65.20		280			80.0	1.55	3.80	9.6	68.00
67	4.6	64.80	227		290	49	80.5	1.56	3.81	9.5	68.20
66	4.4	64.40		279			81.0	1.57	3.82	9.4	68.40
65	4.2	64.00	226		289	48	81.5	1.58	3.83	9.3	68.60
64	4.0	63.60		278			82.0	1.59	3.84	9.2	68.80
63	3.8	63.20	225		288	47	82.5	1.60	3.85	9.1	69.00
62	3.6	62.80		277			83.0	1.61	3.86	9.0	69.20
61	3.4	62.40	224		287	46	83.5	1.62	3.87		69.40
60	3.2	62.00		276			84.0	1.63	3.88	8.9	69.60
59	3.0	61.60	223		286	45	84.5	1.64	3.89		69.80

续表

分值	坐位体前屈/厘米	八级腹桥/秒	立定跳远/厘米	原地双脚起跳摸高/厘米	助跑单脚起跳摸高/厘米	1 分钟双摇跳绳/个	肩回环/厘米	5.8 米加速跑/秒	3/4 全场加速跑/秒	原地跳起转体双手头上传球/米	15 米×17 折返跑/秒
58	2.8	61.20		275			85.0	1.65	3.90	8.8	70.00
57	2.6	60.80	222		285	44	85.5		3.91		70.20
56	2.4	60.40		274			86.0	1.66	3.92	8.7	70.40
55	2.2	60.00	221		284	43	86.5		3.93		70.60
54	2.0	59.60		273			87.0	1.67	3.94	8.6	70.80
53	1.8	59.20	220		283	42	87.5		3.95		71.00
52	1.6	58.80	219	272			88.0	1.68	3.96	8.5	71.20
51	1.4	58.40	218		282	41	88.5		3.97		71.40
50	1.2	58.00	217	271			89.0	1.69	3.98	8.4	71.60
49	0.9	57.60	216		281	40	89.5		3.99		71.80
48	0.6	57.20	215	270			90.0	1.70	4.00	8.3	72.00
47	0.3	56.80	214		280	39	90.5		4.01		72.30
46	0.0	56.40	213	269			91.0	1.71	4.02	8.2	72.60
45	-0.3	56.00	212		279	38	91.5		4.03		72.90
44	-0.6	55.50	211	268			92.0	1.72	4.04	8.1	73.20
43	-0.9	55.00	210		278	37	92.5		4.05		73.50
42	-1.2	54.50	209	267			93.0	1.73	4.06	8.0	73.80
41	-1.5	54.00	208		277	36	93.5		4.07		74.10
40	-1.8	53.50	207	266			94.0	1.74	4.08	7.9	74.40
39	-2.1	53.00	206		276	35	94.5	1.75	4.09		74.70
38	-2.4	52.50	205	265			95.0	1.76	4.10	7.8	75.00

续表

分值	坐位体前屈/厘米	八级腹桥/秒	立定跳远/厘米	原地双脚起跳摸高/厘米	助跑单脚起跳摸高/厘米	1分钟双摇跳绳/个	肩回环/厘米	5.8米加速跑/秒	3/4全场加速跑/秒	原地跳起转体双手头上传球/米	15米×17折返跑/秒
37	-2.7	52.00	204		275	34	95.5	1.77	4.12		75.30
36	-3.0	51.50	203	264			96.0	1.78	4.14	7.7	75.60
35	-3.4	51.00	202		274	33	96.5	1.79	4.16		75.90
34	-3.8	50.50	201	263			90.7	1.80	4.18	7.6	76.20
33	-4.2	50.00	200		273	32	97.5	1.81	4.20		76.50
32	-4.6	49.50	199	262			98.0	1.82	4.22	7.5	76.80
31	-5.0	49.00	198		272	31	98.5	1.83	4.24		77.10
30	-5.4	48.50	197	261			99.0	1.84	4.26	7.4	77.40
29	-5.8	48.00	196		271	30	99.5	1.85	4.28		77.70
28	-6.2	47.50	195	260		29	100.0	1.86	4.30	7.3	78.00
27	-6.6	47.00	194	259	270	28	100.5	1.87	4.33		78.30
26	-7.0	46.50	193	258	269	27	101.0	1.88	4.36	7.2	78.60
25	-7.4	46.00	192	257	268	26	101.5	1.89	4.39		78.90
24	-7.8	45.50	191	256	267	25	102.0	1.90	4.42	7.1	79.20
23	-8.2	45.00	190	255	266	24	102.5	1.91	4.45	7.0	79.50
22	-8.6	44.50	189	254	265	23	103.0	1.92	4.48	6.9	79.80
21	-9.0	44.00	188	253	264	22	103.5	1.93	4.51	6.8	80.10
20	-9.4	43.50	187	252	263	21	104.0	1.94	4.54	6.7	80.40
19	-9.8	43.00	186	251	262	20	104.5	1.95	4.57	6.6	80.70
18	-10.2	42.50	185	250	261	19	105.0	1.96	4.60	6.5	81.00
17	-10.6	42.00	184	249	260	18	105.5	1.97	4.63	6.4	81.30

续表

分值	坐位体前屈/厘米	八级腹桥/秒	立定跳远/厘米	原地双脚起跳摸高/厘米	助跑单脚起跳摸高/厘米	1分钟双摇跳绳/个	肩回环/厘米	5.8米加速跑/秒	3/4全场加速跑/秒	原地跳起转体双手头上传球/米	15米×17折返跑/秒
16	-11.0	41.50	183	248	259	17	106.0	1.98	4.66	6.3	81.60
15	-11.5	41.00	182	247	258	16	106.5	1.99	4.69	6.2	81.90
14	-12.0	40.50	181	246	257	15	107.0	2.00	4.72	6.1	82.20
13	-12.5	40.00	180	245	256	14	108.0	2.01	4.76	6.0	82.50
12	-13.0	39.00	179	244	255	13	109.0	2.02	4.80	5.9	82.80
11	-13.5	38.00	178	243	254	12	110.0	2.03	4.84	5.8	83.10
10	-14.0	37.00	177	242	253	11	111.0	2.04	4.88	5.7	83.40
9	-14.5	36.00	176	241	252	10	112.0	2.05	4.92	5.6	83.70
8	-15.0	35.00	174	240	251	9	113.0	2.06	4.96	5.5	84.00
7	-15.5	34.00	172	239	250	8	114.0	2.07	5.00	5.4	84.50
6	-16.0	33.00	170	238	249	7	115.0	2.08	5.05	5.3	85.00
5	-16.5	32.00	168	237	248	6	116.0	2.09	5.10	5.2	85.50
4	-17.0	31.00	166	236	247	5	117.0	2.10	5.15	5.1	86.00
3	-17.5	30.00	164	234	245	4	118.0	2.11	5.20	5.0	86.50
2	-18.0	29.00	162	232	243	3	119.0	2.12	5.25	4.8	87.00
1	-19.0	28.00	160	230	241	2	120.0	2.13	5.30	4.6	87.50

附2－4 15～16岁青少年女子篮球体能考核成绩评分表

分值	坐位体前屈/厘米	八级腹桥/秒	立定跳远/厘米	原地双脚起跳摸高/厘米	助跑单脚起跳摸高/厘米	1分钟双摇跳绳/个	肩回环/厘米	5.8米加速跑/秒	3/4全场加速跑/秒	原地跳起转体双手头上传球/米	15米×17折返跑/秒
100	25.0	80.00	230	286	292	128	35.0	1.26	3.40	13.8	59.00
99	24.0	79.50	226	283	289	124	40.0	1.28	3.45	13.4	60.00
98	23.0	79.00	222	280	286	120	45.0	1.30	3.50	13.0	61.00
97	22.0	78.50	218	278	284	116	48.0	1.32	3.55	12.6	62.00
96	21.0	78.00	216	276	282	112	50.0	1.34	3.60	12.2	62.50
95	20.0	77.50	214	274	280	108	52.0	1.36	3.65	11.8	63.00
94	19.0	77.00	212	272	278	104	54.0	1.37	3.70	11.4	63.50
93	18.0	76.50	210	270	276	100	55.0	1.38	3.75	11.0	64.00
92	17.0	76.00	208	268	275	97	56.0	1.39	3.80	10.8	64.50
91	16.0	75.50	206	266	274	94	57.0	1.40	3.85	10.6	65.00
90	15.0	75.00	204	265	273	91	58.0	1.41	3.90	10.4	65.50
89	14.0	74.50	202	264	272	88	59.0	1.42	3.95	10.2	66.00
88	13.0	74.00	200	263	271	85	60.0	1.43	4.00	10.0	66.40
87	12.0	73.50	198	262	270	82	61.0	1.44	4.02	9.8	66.80
86	11.5	73.00	196	261	269	79	62.0	1.45	4.04	9.6	67.20
85	11.0	72.50	194	260	268	76	63.0	1.46	4.06	9.4	67.60
84	10.5	72.00	192	259	267	74	64.0	1.47	4.08	9.2	68.00
83	10.0	71.50	190	258	266	72	65.0	1.48	4.10	9.0	68.40
82	9.7	71.00	189	257	265	70	66.0	1.49	4.12	8.8	68.80
81	9.4	70.50	188	256	264	68	67.0	1.50	4.14	8.6	69.20
80	9.1	70.00	187	255	263	66	68.0	1.51	4.16	8.5	69.60

续表

分值	坐位体前屈/厘米	八级腹桥/秒	立定跳远/厘米	原地双脚起跳摸高/厘米	助跑单脚起跳摸高/厘米	1分钟双摇跳绳/个	肩回环/厘米	5.8米加速跑/秒	3/4全场加速跑/秒	原地跳起转体双手头上传球/米	15米×17折返跑/秒
79	8.8	69.60	186		262	64	69.0	1.52	4.18	8.4	70.00
78	8.5	69.20	185	254	261	62	70.0	1.53	4.20	8.3	70.30
77	8.2	68.80	184		260	60	70.5	1.54	4.21	8.2	70.60
76	7.9	68.40	183	253		59	71.0	1.55	4.22	8.1	70.90
75	7.6	68.00	182		259	58	71.5	1.56	4.23	8.0	71.20
74	7.3	67.60	181	252		57	72.0	1.57	4.24	7.9	71.50
73	7.0	67.20	180		258	56	72.5	1.58	4.25	7.8	71.80
72	6.7	66.80		251		55	73.0	1.59	4.26	7.7	72.10
71	6.4	66.40	179		257	54	73.5	1.60	4.27	7.6	72.40
70	6.1	66.00		250		53	74.0	1.61	4.28	7.5	72.70
69	5.8	65.60	178		256	52	74.5	1.62	4.29	7.4	73.00
68	5.6	65.20		249		51	75.0	1.63	4.30	7.3	73.30
67	5.4	64.80	177		255		75.5	1.64	4.31	7.2	73.60
66	5.2	64.40		248		50	76.0	1.65	4.32	7.1	73.90
65	5.0	64.00	176		254		76.5	1.66	4.33	7.0	74.20
64	4.8	63.60		247		49	77.0	1.67	4.34	6.9	74.50
63	4.6	63.20	175		253		77.5	1.68	4.35	6.8	74.80
62	4.4	62.80		246		48	78.0	1.69	4.36	6.7	75.10
61	4.2	62.40	174		252		78.5	1.70	4.37	6.6	75.40
60	4.0	62.00		245		47	79.0	1.71	4.38		75.70
59	3.8	61.60	173		251		79.5	1.72	4.39	6.5	76.00

续表

分值	坐位体前屈/厘米	八级腹桥/秒	立定跳远/厘米	原地双脚起跳摸高/厘米	助跑单脚起跳摸高/厘米	1分钟双摇跳绳/个	肩回环/厘米	5.8米加速跑/秒	3/4全场加速跑/秒	原地跳起转体双手头上传球/米	15米×17折返跑/秒
58	3.6	61.20		244		46	80.0	1.73	4.40		76.30
57	3.4	60.80	172		250		80.5	1.74	4.41	6.4	76.60
56	3.2	60.40		243		45	81.0	1.75	4.42		76.80
55	3.0	60.00	171		249		81.5	1.76	4.43		77.00
54	2.7	59.60		242		44	82.0	1.77	4.44	6.3	77.20
53	2.4	59.20	170		248		82.5	1.78	4.45		77.40
52	2.1	58.80		241		43	83.0	1.79	4.46		77.60
51	1.8	58.40	169		247		83.5	1.80	4.47	6.2	77.80
50	1.5	58.00		240		42	84.0	1.81	4.48		78.00
49	1.2	57.60	168		246		84.5	1.82	4.49		78.20
48	0.9	57.20		239		41	85.0	1.83	4.50	6.1	78.40
47	0.6	56.80	167		245		85.5	1.84	4.51		78.60
46	0.3	56.40		238		40	86.0	1.85	4.52		78.80
45	0.0	56.00	166		244		86.5	1.86	4.53	6.0	79.00
44	-0.3	55.50		237		39	87.0	1.87	4.54		79.30
43	-0.6	55.00	165		243		87.5	1.88	4.55		79.60
42	-0.9	54.50		236		38	88.0	1.89	4.56	5.9	79.90
41	-1.2	54.00	164		242		88.5	1.90	4.57		80.20
40	-1.5	53.50		235		37	89.0	1.91	4.58		80.50
39	-1.8	53.00	163		241		89.5	1.92	4.59	5.8	80.80
38	-2.1	52.50		234		36	90.0	1.93	4.60		81.10

续表

分值	坐位体前屈/厘米	八级腹桥/秒	立定跳远/厘米	原地双脚起跳摸高/厘米	助跑单脚起跳摸高/厘米	1分钟双摇跳绳/个	肩回环/厘米	5.8米加速跑/秒	3/4全场加速跑/秒	原地跳起转体双手头上传球/米	15米×17折返跑/秒
37	−2.4	52.00	162		240		90.5	1.94	4.61		81.40
36	−2.7	51.50		233		35	91.0	1.95	4.62	5.7	81.70
35	−3.0	51.00	161		239		91.5	1.96	4.63		82.00
34	−3.4	50.50		232		34	92.0	1.97	4.64	5.6	82.30
33	−3.8	50.00	160		238		92.5	1.98	4.65		82.60
32	−4.2	49.50		231		33	93.0	1.99	4.66	5.5	82.90
31	−4.6	49.00	159		237		93.5	2.00	4.67		83.20
30	−5.0	48.50		230		32	94.0	2.01	4.68	5.4	83.50
29	−5.4	48.00	158		236		94.5	2.02	4.69		83.80
28	−5.8	47.50		229		31	95.0	2.03	4.70	5.3	84.10
27	−6.2	47.00	157		235		95.5	2.04	4.72		84.40
26	−6.6	46.50		228		30	96.0	2.05	4.74	5.2	84.70
25	−7.0	46.00	156		234	29	96.5	2.06	4.76		85.00
24	−7.4	45.50		227		28	97.0	2.07	4.78	5.1	85.30
23	−7.8	45.00	155		233	27	97.5	2.08	4.80		85.60
22	−8.2	44.50		226		26	98.0	2.09	4.82	5.0	85.90
21	−8.6	44.00	154		232	25	98.5	2.10	4.84		86.20
20	−9.0	43.50		225		24	99.0	2.11	4.86	4.9	86.50
19	−9.4	43.00	153		231	23	99.5	2.12	4.88		86.80
18	−9.8	42.50		224		22	100.0	2.13	4.90	4.8	87.10
17	−10.2	42.00	152		230	21	101.0	2.14	4.92		87.40

续表

分值	坐位体前屈/厘米	八级腹桥/秒	立定跳远/厘米	原地双脚起跳摸高/厘米	助跑单脚起跳摸高/厘米	1 分钟双摇跳绳/个	肩回环/厘米	5.8 米加速跑/秒	3/4 全场加速跑/秒	原地跳起转体双手头上传球/米	15 米×17 折返跑/秒
16	-10.6	41.50		223	229	20	102.0	2.15	4.94	4.7	87.70
15	-11.0	41.00	151		228	19	103.0	2.16	4.96		88.00
14	-11.5	40.50		222	227	18	104.0	2.17	4.99	4.6	88.30
13	-12.0	40.00	150		226	17	105.0	2.18	5.02		88.60
12	-12.5	39.00	149	221	225	16	106.0	2.19	5.05	4.5	88.90
11	-13.0	38.00	148		224	15	107.0	2.20	5.08		89.20
10	-13.5	37.00	147	220	223	14	108.0	2.22	5.11	4.4	89.50
9	-14.0	36.00	146		222	13	109.0	2.24	5.15		89.80
8	-14.5	35.00	145	219	221	12	110.0	2.26	5.19	4.3	90.10
7	-15.0	34.00	144	218	220	11	111.0	2.29	5.23		90.40
6	-15.5	33.00	142	217	219	10	112.0	2.32	5.27	4.2	90.70
5	-16.0	32.00	140	216	218	9	113.0	2.35	5.31	4.1	91.00
4	-16.5	31.00	138	215	217	8	115.0	2.38	5.35	4.0	91.50
3	-17.0	30.00	136	214	216	7	117.0	2.41	5.39	3.9	92.00
2	-17.5	29.00	134	213	214	5	119.0	2.44	5.43	3.8	92.50
1	-18.0	28.00	132	212	212	3	121.0	2.47	5.47	3.7	93.00

附2-5　13~14岁青少年男子篮球体能考核成绩评分表

分值	坐位体前屈/厘米	八级腹桥/秒	立定跳远/厘米	原地双脚起跳摸高/厘米	助跑单脚起跳摸高/厘米	1分钟双摇跳绳/个	燕式平衡/秒	肩回环/厘米	5.8米加速跑/秒	3/4全场加速跑/秒	原地跳起转体双手头上传球/米	15米×15折返跑/秒
100	20.0	40.00	235	300	310	115	46.00	45.0	1.25	3.28	15.8	50.0
99	19.0	39.90	234	298	308	110	44.00	47.0	1.26	3.31	15.4	51.0
98	18.0	39.80	233	296	306	105	42.00	49.0	1.27	3.34	15.0	51.5
97	17.0	39.70	232	295	305	102	41.00	50.0	1.28	3.37	14.6	52.0
96	16.0	39.60	231	294	304	99	40.00	51.0	1.29	3.40	14.2	52.5
95	15.0	39.50	230	293	303	96	39.00	52.0	1.30	3.42	13.8	52.8
94	14.0	39.40	229	292	302	93	38.00	53.0	1.31	3.44	13.4	53.1
93	13.0	39.30	228	291	301	90	37.00	54.0	1.32	3.46	13.0	53.4
92	12.0	39.20	227	290	300	87	36.00	55.0	1.33	3.48	12.7	53.7
91	11.5	39.10	226	289	299	84	35.00	56.0	1.34	3.50	12.4	54.0
90	11.0	39.00	225	288	298	81	34.00	57.0	1.35	3.52	12.2	54.3
89	10.5	38.80	224	287	297	78	33.00	58.0	1.36	3.54	12.0	54.6
88	10.0	38.60	223	286	296	76	32.00	59.0	1.37	3.56	11.8	54.9
87	9.7	38.40	222	285	295	74	31.00	60.0	1.38	3.58	11.6	55.2
86	9.4	38.20	221		294	72	30.00	61.0	1.39	3.60	11.4	55.5
85	9.1	38.00	220	284	293	70	29.00	62.0	1.40	3.62	11.2	55.8
84	8.8	37.80	219		292	68	28.00	63.0	1.41	3.64	11.0	56.1
83	8.5	37.60	218	283	291	66	27.00	64.0	1.42	3.66	10.8	56.4
82	8.2	37.40	217		290	64	26.00	65.0	1.43	3.68	10.6	56.7
81	7.9	37.20	216	282		62	25.00	66.0	1.44	3.70	10.4	57.0
80	7.6	37.00	215		289	60	24.50	67.0	1.45	3.71	10.2	57.3

续表

分值	坐位体前屈/厘米	八级腹桥/秒	立定跳远/厘米	原地双脚起跳摸高/厘米	助跑单脚起跳摸高/厘米	1分钟双摇跳绳/个	燕式平衡/秒	肩回环/厘米	5.8米加速跑/秒	3/4全场加速跑/秒	原地跳起转体双手头上传球/米	15米×15折返跑/秒
79	7.3	36.80	214	281		59	24.00	68.0	1.46	3.72	10.0	57.60
78	7.0	36.60	213		288	58	23.50	69.0	1.47	3.73	9.9	57.90
77	6.7	36.40	212	280		57	23.00	70.0	1.48	3.74	9.8	58.20
76	6.4	36.20	211		287	56	22.50	71.0	1.49	3.75	9.7	58.50
75	6.1	36.00	210	279		55	22.00	72.0	1.50	3.76	9.6	58.80
74	5.8	35.80	209		286	54	21.80	73.0	1.51	3.77	9.5	59.10
73	5.6	35.60	208	278		53	21.60	74.0	1.52	3.78	9.4	59.40
72	5.4	35.40	207		285	52	21.40	75.0	1.53	3.79	9.3	59.70
71	5.2	35.20	206	277		51	21.20	76.0	1.54	3.80	9.2	60.00
70	5.0	35.00	205		284	50	21.00	77.0	1.55	3.81	9.1	60.20
69	4.8	34.80	204	276			20.80	78.0	1.56	3.82	9.0	60.40
68	4.6	34.60	203		283	49	20.60	79.0	1.57	3.83		60.60
67	4.4	34.40	202	275			20.40	80.0	1.58	3.84	8.9	60.80
66	4.2	34.20	201		282	48	20.20	80.5	1.59	3.85		61.00
65	4.0	34.00	200	274			20.00	81.0	1.60	3.86	8.8	61.10
64	3.8	33.80	199		281	47	19.80	81.5	1.61	3.87		61.20
63	3.6	33.60	198	273			19.60	82.0	1.62	3.88	8.7	61.30
62	3.4	33.40	197		280	46	19.40	82.5	1.63	3.89		61.40
61	3.2	33.20	196	272			19.20	83.0	1.64	3.90	8.6	61.50
60	3.0	33.00	195		279	45	19.00	83.5	1.65	3.91		61.60
59	2.8	32.80		271			18.80	84.0		3.92	8.5	61.70

续表

分值	坐位体前屈/厘米	八级腹桥/秒	立定跳远/厘米	原地双脚起跳摸高/厘米	助跑单脚起跳摸高/厘米	1分钟双摇跳绳/个	燕式平衡/秒	肩回环/厘米	5.8米加速跑/秒	3/4全场加速跑/秒	原地跳起转体双手头上传球/米	15米×15折返跑/秒
58	2.6	32.60	194		278	44	18.60	84.5	1.66	3.93		61.80
57	2.4	32.40		270			18.40	85.0		3.94	8.4	61.90
56	2.2	32.20	193		277	43	18.20	85.5	1.67	3.95		62.00
55	2.0	32.00		269			18.00	86.0		3.96	8.3	62.10
54	1.8	31.80	192		276	42	17.80	86.5	1.68	3.97		62.20
53	1.6	31.60		268			17.60	87.0		3.98	8.2	62.30
52	1.4	31.40	191		275	41	17.40	87.5	1.69	3.99		62.40
51	1.2	31.20		267			17.20	88.0		4.00	8.1	62.50
50	0.9	31.00	190		274	40	17.00	88.5	1.70	4.01		62.60
49	0.6	30.80	189	266			16.80	89.0		4.02	8.0	62.70
48	0.3	30.60	188		273	39	16.60	89.5	1.71	4.03		62.80
47	0.0	30.40	187	265			16.40	90.0		4.04	7.9	62.90
46	-0.3	30.20	186		272	38	16.20	90.5	1.72	4.05		63.00
45	-0.6	30.00	185	264			16.00	91.0		4.06	7.8	63.20
44	-0.9	29.80	184		271	37	15.80	91.5	1.73	4.07		63.40
43	-1.2	29.60	183	263			15.60	92.0		4.08	7.7	63.60
42	-1.5	29.40	182		270	36	15.40	92.5	1.74	4.09		63.80
41	-1.8	29.20	181	262			15.20	93.0		4.10	7.6	64.00
40	-2.1	29.00	180		269	35	15.00	93.5	1.75	4.11		64.20
39	-2.4	28.80	179	261			14.80	94.0	1.76	4.12	7.5	64.40
38	-2.7	28.60	178		268	34	14.60	94.5	1.77	4.13		64.60

续表

分值	坐位体前屈/厘米	八级腹桥/秒	立定跳远/厘米	原地双脚起跳摸高/厘米	助跑单脚起跳摸高/厘米	1 分钟双摇跳绳/个	燕式平衡/秒	肩回环/厘米	5.8 米加速跑/秒	3/4 全场加速跑/秒	原地跳起转体双手头上传球/米	15 米×15 折返跑/秒
37	-3.0	28.40	177	260			14.40	95.0	1.78	4.14	7.4	64.80
36	-3.3	28.20	176		267	33	14.20	95.5	1.79	4.15		65.00
35	-3.6	28.00	175	259			14.00	96.0	1.80	4.16	7.3	65.30
34	-3.9	27.70	174		266	32	13.80	96.5	1.81	4.17		65.60
33	-4.2	27.40	173	258			13.60	97.0	1.82	4.18	7.2	65.90
32	-4.5	27.10	172		265	31	13.40	97.5	1.83	4.19		66.20
31	-4.8	26.80	171	257			13.20	98.0	1.84	4.20	7.1	66.50
30	-5.1	26.50	170		264	30	13.00	98.5	1.85	4.23		66.80
29	-5.4	26.20	169	256		29	12.80	99.0	1.86	4.26	7.0	67.10
28	-5.7	25.90	168		263	28	12.60	99.5	1.87	4.29		67.40
27	-6.0	25.60	167	255		27	12.40	100.0	1.88	4.32	6.9	67.70
26	-6.4	25.30	166		262	26	12.20	100.5	1.89	4.35		68.00
25	-6.8	25.00	165	254		25	12.00	101.0	1.90	4.38	6.8	68.30
24	-7.2	24.70	164		261	24	11.80	101.5	1.91	4.41		68.60
23	-7.6	24.40	163	253		23	11.60	102.0	1.92	4.44	6.7	68.90
22	-8.0	24.10	162		260	22	11.40	102.5	1.93	4.47		69.20
21	-8.4	23.80	161	252		21	11.20	103.0	1.94	4.50	6.6	69.50
20	-8.8	23.50	160		259	20	11.00	103.5	1.95	4.54	6.5	69.80
19	-9.2	23.20	159	251		19	10.70	104.0	1.96	4.58	6.4	70.10
18	-9.6	22.90	158		258	18	10.40	104.5	1.97	4.62	6.3	70.40
17	-10.0	22.60	157	250		17	10.10	105.0	1.98	4.66	6.2	70.70

续表

分值	坐位体前屈/厘米	八级腹桥/秒	立定跳远/厘米	原地双脚起跳摸高/厘米	助跑单脚起跳摸高/厘米	1分钟双摇跳绳/个	燕式平衡/秒	肩回环/厘米	5.8米加速跑/秒	3/4全场加速跑/秒	原地跳起转体双手头上传球/米	15米×15折返跑/秒
16	-10.5	22.30	156	249	257	16	9.80	105.5	1.99	4.70	6.1	71.00
15	-11.0	22.00	155	248		15	9.50	106.0	2.00	4.74	6.0	71.40
14	-11.5	21.70	154	247	256	14	9.20	106.5	2.01	4.78	5.9	71.80
13	-12.0	21.40	153	246		13	8.90	107.0	2.02	4.82	5.8	72.20
12	-12.5	21.10	152	245	255	12	8.60	107.5	2.03	4.86	5.7	72.60
11	-13.0	20.80	151	244	254	11	8.30	108.0	2.04	4.90	5.6	73.00
10	-13.5	20.50	150	243	253	10	8.00	108.5	2.05	4.95	5.5	73.50
9	-14.0	20.00	149	242	252	9	7.70	109.0	2.06	5.00	5.4	74.00
8	-14.5	19.50	148	241	251	8	7.40	109.5	2.07	5.05	5.3	74.50
7	-15.0	19.00	147	240	250	7	7.00	110.0	2.08	5.10	5.2	75.00
6	-15.5	18.50	146	238	248	6	6.60	111.0	2.09	5.15	5.1	75.50
5	-16.0	18.00	145	236	246	5	6.20	112.0	2.10	5.20	5.0	76.00
4	-16.5	17.50	144	234	244	4	5.80	113.0	2.12	5.25	4.8	76.50
3	-17.0	17.00	143	232	242	3	5.40	114.0	2.14	5.30	4.6	77.00
2	-17.5	16.50	142	230	240	2	5.00	115.0	2.16	5.35	4.4	77.50
1	-18.0	16.00	141	228	238	1	4.60	116.0	2.18	5.40	4.2	78.00

附2－6　13～14 岁青少年女子篮球体能考核成绩评分表

分值	坐位体前屈/厘米	八级腹桥/秒	立定跳远/厘米	原地双脚起跳摸高/厘米	助跑单脚起跳摸高/厘米	1 分钟双摇跳绳/个	燕式平衡/秒	肩回环/厘米	5.8 米加速跑/秒	3/4 全场加速跑/秒	原地跳起转体双手头上传球/米	15 米×15 折返跑/秒
100	24.0	40.00	220	280	286	115	46.00	28.0	1.30	3.45	13.0	52.00
99	23.0	39.90	218	278	284	110	44.00	29.0	1.32	3.50	12.6	52.50
98	22.0	39.80	216	276	282	105	42.00	30.0	1.34	3.55	12.2	53.00
97	21.0	39.70	214	274	280	102	41.00	31.0	1.36	3.60	11.8	53.50
96	20.0	39.60	212	272	278	99	40.00	32.0	1.37	3.65	11.4	54.00
95	19.0	39.50	210	270	276	96	39.00	33.0	1.38	3.70	11.0	54.30
94	18.0	39.40	208	268	275	93	38.00	34.0	1.39	3.75	10.8	54.60
93	17.0	39.30	206	266	274	90	37.00	35.0	1.40	3.80	10.6	54.90
92	16.0	39.20	204	265	273	87	36.00	36.0	1.41	3.85	10.4	55.20
91	15.0	39.10	202	264	272	84	35.00	37.0	1.42	3.90	10.2	55.50
90	14.0	39.00	200	263	271	81	34.00	38.0	1.43	3.95	10.0	55.80
89	13.0	38.80	198	262	270	78	33.00	39.0	1.44	4.00	9.8	56.10
88	12.0	38.60	196	261	269	76	32.00	40.0	1.45	4.02	9.6	56.40
87	11.5	38.40	194	260	268	74	31.00	41.0	1.46	4.04	9.4	56.70
86	11.0	38.20	192	259	267	72	30.00	42.0	1.47	4.06	9.2	57.00
85	10.5	38.00	190	258	266	70	29.00	43.0	1.48	4.08	9.0	57.30
84	10.0	37.80	189	257	265	68	28.00	44.0	1.49	4.10	8.8	57.60
83	9.7	37.60	188	256	264	66	27.00	45.0	1.50	4.12	8.6	57.90
82	9.4	37.40	187	255	263	64	26.00	46.0	1.51	4.14	8.5	58.20
81	9.1	37.20	186		262	62	25.00	47.0	1.52	4.16	8.4	58.50
80	8.8	37.00	185	254	261	60	24.50	48.0	1.53	4.18	8.3	58.80

续表

分值	坐位体前屈/厘米	八级腹桥/秒	立定跳远/厘米	原地双脚起跳摸高/厘米	助跑单脚起跳摸高/厘米	1分钟双摇跳绳/个	燕式平衡/秒	肩回环/厘米	5.8米加速跑/秒	3/4全场加速跑/秒	原地跳起转体双手头上传球/米	15米×15折返跑/秒
79	8.5	36.80	184		260	59	24.00	49.0	1.54	4.20	8.2	59.10
78	8.2	36.60	183	253		58	23.50	50.0	1.55	4.21	8.1	59.40
77	7.9	36.40	182		259	57	23.00	51.0	1.56	4.22	8.0	59.70
76	7.6	36.20	181	252		56	22.50	52.0	1.57	4.23	7.9	60.00
75	7.3	36.00	180		258	55	22.00	53.0	1.58	4.24	7.8	60.20
74	7.0	35.80	179	251		54	21.80	54.0	1.59	4.25	7.7	60.40
73	6.7	35.60	178		257	53	21.60	55.0	1.60	4.26	7.6	60.60
72	6.4	35.40	177	250		52	21.40	56.0	1.61	4.27	7.5	60.80
71	6.1	35.20	176		256	51	21.20	57.0	1.62	4.28	7.4	61.00
70	5.8	35.00	175	249		50	21.00	58.0	1.63	4.29	7.3	61.10
69	5.6	34.80			255		20.80	59.0	1.64	4.30	7.2	61.20
68	5.4	34.60	174	248		49	20.60	60.0	1.65	4.31	7.1	61.30
67	5.2	34.40			254		20.40	61.0	1.66	4.32	7.0	61.40
66	5.0	34.20	173	247		48	20.20	62.0	1.67	4.33	6.9	61.50
65	4.8	34.00			253		20.0	63.0	1.68	4.34	6.8	61.60
64	4.6	33.80	172	246		47	19.80	64.0	1.69	4.35	6.7	61.70
63	4.4	33.60			252		19.60	65.0	1.70	4.36	6.6	61.80
62	4.2	33.40	171	245		46	19.40	66.0	1.71	4.37		61.90
61	4.0	33.20			251		19.20	67.0	1.72	4.38	6.5	62.00
60	3.8	33.00	170	244		45	19.00	68.0	1.73	4.39		62.10
59	3.6	32.80			250		18.80	69.0	1.74	4.40	6.4	62.20

续表

分值	坐位体前屈/厘米	八级腹桥/秒	立定跳远/厘米	原地双脚起跳摸高/厘米	助跑单脚起跳摸高/厘米	1分钟双摇跳绳/个	燕式平衡/秒	肩回环/厘米	5.8米加速跑/秒	3/4全场加速跑/秒	原地跳起转体双手头上传球/米	15米×15折返跑/秒
58	3.4	32.60	169	243		44	18.60	70.0	1.75	4.41		62.30
57	3.2	32.40			249		18.40	70.5	1.76	4.42		62.40
56	3.0	32.20	168	242		43	18.20	71.0	1.77	4.43	6.3	62.50
55	2.8	32.00			248		18.00	71.5	1.78	4.44		62.60
54	2.6	31.80	167	241		42	17.80	72.0	1.79	4.45		62.70
53	2.4	31.60			247		17.60	72.5	1.80	4.46	6.2	62.80
52	2.1	31.40	166	240		41	17.40	73.0	1.81	4.47		62.90
51	1.8	31.20			246		17.20	73.5	1.82	4.48		63.00
50	1.5	31.00	165	239		40	17.00	74.0	1.83	4.49	6.1	63.20
49	1.2	30.80			245		16.80	74.5	1.84	4.50		63.40
48	0.9	30.60	164	238		39	16.60	75.0	1.85	4.51		63.60
47	0.6	30.40			244		16.40	75.5	1.86	4.52	6.0	63.80
46	0.3	30.20	163	237		38	16.20	76.0	1.87	4.53		64.00
45	0.0	30.00			243		16.00	76.5	1.88	4.54		64.20
44	-0.3	29.80	162	236		37	15.80	77.0	1.89	4.55	5.9	64.40
43	-0.6	29.60			242		15.60	77.5	1.90	4.56		64.60
42	-0.9	29.40	161	235		36	15.40	78.0	1.91	4.57		64.80
41	-1.2	29.20			241		15.20	78.5	1.92	4.58	5.8	65.00
40	-1.5	29.00	160	234		35	15.00	79.0	1.93	4.59		65.30
39	-1.8	28.80			240		14.80	79.5	1.94	4.60		65.60
38	-2.1	28.60	159	233		34	14.60	80.0	1.95	4.61	5.7	65.90

续表

分值	坐位体前屈/厘米	八级腹桥/秒	立定跳远/厘米	原地双脚起跳摸高/厘米	助跑单脚起跳摸高/厘米	1分钟双摇跳绳/个	燕式平衡/秒	肩回环/厘米	5.8米加速跑/秒	3/4全场加速跑/秒	原地跳起转体双手头上传球/米	15米×15折返跑/秒
37	-2.4	28.40			239		14.40	80.5	1.96	4.62		66.20
36	-2.7	28.20	158	232		33	14.20	81.0	1.97	4.63	5.6	66.50
35	-3.0	28.00			238		14.00	81.5	1.98	4.64		66.80
34	-3.4	27.70	157	231		32	13.80	82.0	1.99	4.65	5.5	67.10
33	-3.8	27.40			237		13.60	82.5	2.00	4.66		67.40
32	-4.2	27.10	156	230		31	13.40	83.0	2.01	4.67	5.4	67.70
31	-4.6	26.80			236		13.20	83.5	2.02	4.68		68.00
30	-5.0	26.50	155	229		30	13.00	84.0	2.03	4.69	5.3	68.30
29	-5.4	26.20			235	29	12.80	84.5	2.04	4.70		68.60
28	-5.8	25.90	154	228		28	12.60	85.0	2.05	4.72	5.2	68.90
27	-6.2	25.60			234	27	12.40	86.0	2.06	4.74		69.20
26	-6.6	25.30	153	227		26	12.20	87.0	2.07	4.76	5.1	69.50
25	-7.0	25.00			233	25	12.00	88.0	2.08	4.78		69.80
24	-7.4	24.70	152	226		24	11.80	89.0	2.09	4.80	5.0	70.10
23	-7.8	24.40			232	23	11.60	90.0	2.10	4.82		70.40
22	-8.2	24.10	151	225		22	11.40	91.0	2.11	4.84	4.9	70.70
21	-8.6	23.80			231	21	11.20	92.0	2.12	4.86		71.00
20	-9.0	23.50	150	224		20	11.00	93.0	2.13	4.88	4.8	71.40
19	-9.4	23.20	149		230	19	10.70	94.0	2.14	4.90		71.80
18	-9.8	22.90	148	223	229	18	10.40	95.0	2.15	4.93	4.7	72.20
17	-10.2	22.60	147		228	17	10.10	96.0	2.16	4.96		72.60

续表

分值	坐位体前屈/厘米	八级腹桥/秒	立定跳远/厘米	原地双脚起跳摸高/厘米	助跑单脚起跳摸高/厘米	1 分钟双摇跳绳/个	燕式平衡/秒	肩回环/厘米	5.8 米加速跑/秒	3/4 全场加速跑/秒	原地跳起转体双手头上传球/米	15 米×15 折返跑/秒
16	-10.6	22.30	146	222	227	16	9.80	97.0	2.17	4.99	4.6	73.00
15	-11.0	22.00	145		226	15	9.50	98.0	2.18	5.02		73.50
14	-11.4	21.70	144	221	225	14	9.20	99.0	2.19	5.05	4.5	74.00
13	-11.8	21.40	143		224	13	8.90	100.0	2.20	5.08		74.50
12	-12.2	21.10	142	220	223	12	8.60	101.0	2.22	5.11	4.4	75.00
11	-12.6	20.80	141		222	11	8.30	102.0	2.24	5.14		75.50
10	-13.0	20.50	140	219	221	10	8.00	103.0	2.26	5.17	4.3	76.00
9	-13.5	20.00	139	218	220	9	7.70	104.0	2.28	5.20		76.50
8	-14.0	19.50	138	217	219	8	7.40	105.0	2.30	5.24	4.2	77.00
7	-14.5	19.00	137	216	218	7	7.00	106.0	2.32	5.28		77.50
6	-15.0	18.50	136	215	217	6	6.60	107.0	2.35	5.32	4.1	78.00
5	-15.5	18.00	135	214	216	5	6.20	108.0	2.38	5.36	4.0	78.50
4	-16.0	17.50	134	213	215	4	5.80	109.0	2.41	5.40	3.9	79.00
3	-16.5	17.00	133	212	214	3	5.40	110.0	2.44	5.44	3.8	79.50
2	-17.0	16.50	132	211	213	2	5.00	112.0	2.47	5.48	3.7	80.00
1	-17.5	16.00	131	210	212	1	4.60	114.0	2.50	5.52	3.6	80.50

附2-7　11~12岁青少年男子篮球体能考核成绩评分表

分值	坐位体前屈/厘米	五级腹桥/秒	立定跳远/厘米	原地双脚起跳摸高/厘米	助跑单脚起跳摸高/厘米	1分钟单足交替跳绳/个	燕式平衡/秒	肩回环/厘米	5.8米加速跑/秒	3/4全场加速跑/秒	原地跳起转体双手头上传球/米	十字脚步移动/秒	15米×11折返跑/秒
100	19.0	25.00	215	275	295	190	45.00	33.0	1.28	3.40	12.5	7.80	36.00
99	18.0	24.90	213	273	290	185	43.00	38.0	1.29	3.44	12.0	7.90	36.50
98	17.0	24.80	211	271	285	180	41.00	43.0	1.30	3.48	11.5	8.00	37.00
97	16.0	24.70	210	270	283	175	40.00	45.0	1.31	3.52	11.0	8.10	37.50
96	15.0	24.60	209	269	281	170	39.00	47.0	1.32	3.56	10.5	8.20	38.00
95	14.0	24.50	208	268	280	166	38.00	49.0	1.33	3.60	10.0	8.30	38.30
94	13.0	24.40	207	267	279	162	37.00	50.0	1.34	3.62	9.8	8.40	38.60
93	12.0	24.30	206	266	278	158	36.00	51.0	1.35	3.64	9.6	8.50	38.90
92	11.5	24.20	205	265	277	154	35.00	52.0	1.36	3.66	9.5	8.60	39.20
91	11.0	24.10	204	264	276	150	34.00	53.0	1.37	3.68	9.4	8.70	39.50
90	10.5	24.00	203	263	275	147	33.00	54.0	1.38	3.70	9.3	8.80	39.80
89	10.0	23.90	202	262	274	144	32.00	55.0	1.39	3.72	9.2	8.90	40.10
88	9.7	23.80	201	261	273	141	31.00	56.0	1.40	3.74	9.1	9.00	40.40
87	9.4	23.70	200	260	272	138	30.00	57.0	1.41	3.76	9.0	9.10	40.70
86	9.1	23.60	199	259	271	135	29.00	58.0	1.42	3.78	8.9	9.20	41.00
85	8.8	23.50	198	258	270	132	28.00	59.0	1.43	3.80	8.8	9.30	41.20
84	8.5	23.40	197	257	269	129	27.00	60.0	1.44	3.82	8.7	9.40	41.40
83	8.2	23.30	196	256	268	126	26.00	60.5	1.45	3.84	8.6	9.50	41.60
82	7.9	23.20	195	255	267	123	25.00	61.0	1.46	3.86	8.5	9.60	41.80
81	7.6	23.10	194	254	266	120	24.50	61.5	1.47	3.88	8.4	9.70	42.00
80	7.3	23.00	193	253	265	118	24.00	62.0	1.48	3.90	8.3	9.80	42.20

续表

分值	坐位体前屈/厘米	五级腹桥/秒	立定跳远/厘米	原地双脚起跳摸高/厘米	助跑单脚起跳摸高/厘米	1 分钟单足交替跳绳/个	燕式平衡/秒	肩回环/厘米	5.8 米加速跑/秒	3/4 全场加速跑/秒	原地跳起转体双手头上传球/米	十字脚步移动/秒	15 米×11 折返跑/秒
79	7.0	22.90	192	252	264	116	23.50	62.5	1.49	3.92	8.2	9.90	42.40
78	6.7	22.80	191	251	263	114	23.00	63.0	1.50	3.94	8.1	10.00	42.60
77	6.4	22.70	190	250	262	112	22.50	63.5	1.51	3.96	8.0	10.10	42.80
76	6.1	22.60	189	249	261	110	22.00	64.0	1.52	3.98		10.20	43.00
75	5.8	22.50	188	248	260	108	21.50	64.5	1.53	4.00	7.9	10.30	43.20
74	5.6	22.40	187	247	259	106	21.00	65.0	1.54	4.01		10.40	43.40
73	5.4	22.30	186	246	258	104	20.70	65.5	1.55	4.02	7.8	10.50	43.60
72	5.2	22.20	185	245	257	102	20.40	66.0	1.56	4.03		10.60	43.80
71	5.0	22.10	184		256	100	20.10	66.5	1.57	4.04	7.7	10.70	44.00
70	4.8	22.00	183	244	255	98	19.80	67.0	1.58	4.05		10.80	44.20
69	4.6	21.90	182		254	96	19.50	67.5	1.59	4.06	7.6	10.90	44.40
68	4.4	21.80	181	243	253	94	19.20	68.0	1.60	4.07		11.00	44.60
67	4.2	21.70	180		252	92	18.90	68.5	1.61	4.08	7.5	11.05	44.80
66	4.0	21.60	179	242	251	90	18.60	69.0	1.62	4.09		11.10	45.00
65	3.8	21.50	178		250	88	18.30	69.5	1.63	4.10	7.4	11.15	45.20
64	3.6	21.40	177	241	249	86	18.00	70.0	1.64	4.11		11.20	45.40
63	3.4	21.30	176		248	84	17.80	70.5	1.65	4.12	7.3	11.25	45.60
62	3.2	21.20	175	240	247	82	17.60	71.0	1.63	4.13		11.30	45.80
61	3.0	21.10			246	80	17.40	71.5		4.14	7.2	11.35	46.00
60	2.8	21.00	174	239	245	78	17.20	72.0	1.64	4.15		11.40	46.20
59	2.6	20.90			244	76	17.00	72.5		4.16	7.1	11.45	46.40

续表

分值	坐位体前屈/厘米	五级腹桥/秒	立定跳远/厘米	原地双脚起跳摸高/厘米	助跑单脚起跳摸高/厘米	1分钟单足交替跳绳/个	燕式平衡/秒	肩回环/厘米	5.8米加速跑/秒	3/4全场加速跑/秒	原地跳起转体双手头上传球/米	十字脚步移动/秒	15米×11折返跑/秒
58	2.4	20.80	173	238	243	74	16.80	73.0	1.65	4.17		11.50	46.60
57	2.2	20.70			242	72	16.60	73.5		4.18	7.0	11.55	46.80
56	2.0	20.60	172	237	241	70	16.40	74.0	1.66	4.19		11.60	47.00
55	1.8	20.50			240	68	16.20	74.5		4.20	6.9	11.65	47.20
54	1.6	20.40	171	236		66	16.00	75.0	1.67	4.21		11.70	47.40
53	1.4	20.30			239	65	15.80	75.5		4.22	6.8	11.75	47.60
52	1.2	20.20	170	235		64	15.60	76.0	1.68	4.23		11.80	47.80
51	1.0	20.10			238	63	15.40	76.5		4.24	6.7	11.85	48.00
50	0.8	20.00	169	234		62	15.20	77.0	1.69	4.25		11.90	48.20
49	0.6	19.80			237	61	15.00	77.5		4.26	6.6	11.95	48.40
48	0.4	19.60	168	233		60	14.80	78.0	1.70	4.27		12.00	48.60
47	0.2	19.40			236	59	14.60	78.5		4.28	6.5	12.05	48.80
46	0.0	19.20	167	232		58	14.40	79.0	1.71	4.29		12.10	49.00
45	−0.2	19.00			235	57	14.20	79.5		4.30	6.4	12.15	49.20
44	−0.4	18.80	166	231		56	14.00	80.0	1.72	4.31		12.20	49.40
43	−0.6	18.60			234	55	13.80	80.5		4.32	6.3	12.25	49.60
42	−0.8	18.40	165	230		54	13.60	81.0	1.73	4.33		12.30	49.80
41	−1.0	18.20			233	53	13.40	81.5		4.34	6.2	12.35	50.00
40	−1.2	18.00	164	229		52	13.20	82.0	1.74	4.35		12.40	50.20
39	−1.4	17.80			232	51	13.00	82.5		4.36	6.1	12.45	50.40
38	−1.6	17.60	163	228		50	12.80	83.0	1.75	4.37		12.50	50.60

续表

分值	坐位体前屈/厘米	五级腹桥/秒	立定跳远/厘米	原地双脚起跳摸高/厘米	助跑单脚起跳摸高/厘米	1分钟单足交替跳绳/个	燕式平衡/秒	肩回环/厘米	5.8米加速跑/秒	3/4全场加速跑/秒	原地跳起转体双手头上传球/米	十字脚步移动/秒	15米×11折返跑/秒
37	−1.8	17.40			231	49	12.60	83.5		4.38	6.0	12.55	50.80
36	−2.0	17.20	162	227		48	12.40	84.0	1.76	4.39		12.60	51.00
35	−2.3	17.00			230	47	12.20	84.5		4.40	5.9	12.65	51.20
34	−2.6	16.80	161	226		46	12.00	85.0	1.77	4.42		12.70	51.40
33	−2.9	16.60			229	45	11.80	85.5		4.44	5.8	12.75	51.60
32	−3.2	16.40	160	225		44	11.60	86.0	1.78	4.46		12.80	51.80
31	−3.5	16.20	159		228	43	11.40	86.5		4.48	5.7	12.85	52.00
30	−3.8	16.00	158	224		42	11.20	87.0	1.79	4.50		12.90	52.20
29	−4.1	15.80	157		227	41	11.00	87.5		4.52	5.6	12.95	52.40
28	−4.4	15.60	156	223		40	10.80	88.0	1.80	4.54		13.00	52.60
27	−4.7	15.40	155		226	39	10.60	88.5	1.81	4.56	5.5	13.10	52.80
26	−5.0	15.20	154	222		38	10.40	89.0	1.82	4.58		13.20	53.00
25	−5.4	15.00	153		225	37	10.20	89.5	1.83	4.60	5.4	13.30	53.20
24	−5.8	14.80	152	221		36	10.00	90.0	1.84	4.63		13.40	53.40
23	−6.2	14.60	151		224	35	9.80	90.5	1.85	4.66	5.3	13.50	53.60
22	−6.6	14.40	150	220		34	9.60	91.0	1.86	4.69		13.60	53.80
21	−7.0	14.20	149		223	33	9.40	91.5	1.87	4.72	5.2	13.70	54.00
20	−7.4	14.00	148	219		32	9.20	92.0	1.88	4.75		13.80	54.20
19	−7.8	13.80	147		222	31	9.00	92.5	1.89	4.78	5.1	13.90	54.40
18	−8.2	13.60	146	218		30	8.80	93.0	1.90	4.81		14.00	54.60
17	−8.6	13.40	145		221	29	8.60	93.5	1.91	4.85	5.0	14.20	54.80

续表

分值	坐位体前屈/厘米	五级腹桥/秒	立定跳远/厘米	原地双脚起跳摸高/厘米	助跑单脚起跳摸高/厘米	1分钟单足交替跳绳/个	燕式平衡/秒	肩回环/厘米	5.8米加速跑/秒	3/4全场加速跑/秒	原地跳起转体双手头上传球/米	十字脚步移动/秒	15米×11折返跑/秒
16	-9.0	13.20	144	217		28	8.40	94.0	1.92	4.89		14.40	55.00
15	-9.5	13.00	143		220	27	8.20	94.5	1.93	4.93	4.9	14.60	55.30
14	-10.0	12.80	142	216		26	8.00	95.0	1.94	4.97		14.80	55.60
13	-10.5	12.60	141		219	25	7.80	95.5	1.95	5.01	4.8	15.00	55.90
12	-11.0	12.40	140	215		24	7.60	96.0	1.96	5.05		15.20	56.20
11	-11.5	12.20	139	214	218	23	7.40	96.5	1.97	5.09	4.7	15.40	56.50
10	-12.0	12.00	138	213		22	7.20	97.0	1.98	5.13		15.60	56.80
9	-12.5	11.80	137	212	217	21	7.00	97.5	1.99	5.17	4.6	15.80	57.10
8	-13.0	11.60	136	211		20	6.70	98.0	2.00	5.21		16.00	57.40
7	-13.5	11.40	135	210	216	19	6.40	99.0	2.02	5.25	4.5	16.20	57.70
6	-14.0	11.20	134	209	215	18	6.10	100.0	2.04	5.30	4.4	16.40	58.00
5	-14.5	11.00	133	208	214	17	5.80	101.0	2.06	5.35	4.3	16.60	58.50
4	-15.0	10.80	132	207	212	16	5.50	102.0	2.10	5.40	4.2	16.80	59.00
3	-15.5	10.60	131	206	210	15	5.20	103.0	2.14	5.45	4.0	17.20	59.50
2	-16.0	10.40	130	204	208	14	4.90	104.0	2.18	5.50	3.8	17.60	60.00
1	-16.5	10.20	129	202	206	13	4.60	105.0	2.22	5.55	3.6	18.00	60.50

附2－8　11～12岁青少年女子篮球体能考核成绩评分表

分值	坐位体前屈/厘米	五级腹桥/秒	立定跳远/厘米	原地双脚起跳摸高/厘米	助跑单脚起跳摸高/厘米	1分钟单足交替跳绳/个	燕式平衡/秒	肩回环/厘米	5.8米加速跑/秒	3/4全场加速跑/秒	原地跳起双手头上传球/米	十字脚步移动/秒	15米×11折返跑/秒
100	23.0	25.00	200	255	270	192	45.00	26.0	1.32	3.50	11.0	8.80	36.50
99	22.0	24.90	198	254	269	190	43.00	28.0	1.34	3.55	10.8	9.00	37.00
98	21.0	24.80	196	253	268	188	41.00	30.0	1.36	3.60	10.6	9.20	37.50
97	20.0	24.70	194	252	267	186	40.00	31.0	1.37	3.65	10.4	9.30	38.00
96	19.0	24.60	192	251	266	184	39.00	32.0	1.38	3.70	10.2	9.40	38.30
95	18.0	24.50	191	250	265	182	38.00	33.0	1.39	3.75	10.0	9.50	38.60
94	17.0	24.40	190		264	180	37.00	34.0	1.40	3.80	9.9	9.60	38.90
93	16.0	24.30	189	249	263	178	36.00	35.0	1.41	3.85	9.8	9.70	39.20
92	15.0	24.20	188		262	175	35.00	36.0	1.42	3.90	9.7	9.80	39.50
91	14.0	24.10	187	248	261	173	34.00	37.0	1.43	3.95	9.6	9.90	39.80
90	13.0	24.00	186		260	170	33.00	38.0	1.44	4.00	9.5	10.00	40.10
89	12.0	23.90	185	247	259	165	32.00	39.0	1.45	4.02	9.4	10.10	40.40
88	11.5	23.80	184		258	160	31.00	40.0	1.46	4.04	9.3	10.20	40.70
87	11.0	23.70	183	246	257	155	30.00	40.5	1.47	4.06	9.2	10.30	41.00
86	10.5	23.60	182		256	150	29.00	41.0	1.48	4.08	9.1	10.40	41.20
85	10.0	23.50	181	245	255	147	28.00	41.5	1.49	4.10	9.0	10.50	41.40
84	9.7	23.40	180		254	145	27.00	42.0	1.50	4.12	8.9	10.60	41.60
83	9.4	23.30	179	244	253	143	26.00	42.5	1.51	4.14	8.8	10.70	41.80
82	9.1	23.20	178		252	140	25.00	43.0	1.52	4.16	8.7	10.80	42.00
81	8.8	23.10	177	243	251	138	24.50	43.5	1.53	4.18	8.6	10.90	42.20
80	8.5	23.00	176		250	136	24.00	44.0	1.54	4.20	8.5	11.00	42.40

续表

分值	坐位体前屈/厘米	五级腹桥/秒	立定跳远/厘米	原地双脚起跳摸高/厘米	助跑单脚起跳摸高/厘米	1分钟单足交替跳绳/个	燕式平衡/秒	肩回环/厘米	5.8米加速跑/秒	3/4全场加速跑/秒	原地跳起双手头上传球/米	十字脚步移动/秒	15米×11折返跑/秒
79	8.2	22.90	175	242	249	135	23.50	44.5	1.55	4.21	8.4	11.05	42.60
78	7.9	22.80	174		248	134	23.00	45.0	1.56	4.22	8.3	11.10	42.80
77	7.6	22.70	173	241	247	133	22.50	45.5	1.57	4.23	8.2	11.15	43.00
76	7.3	22.60	172		246	132	22.00	46.0	1.58	4.24	8.1	11.20	43.20
75	7.0	22.50	171	240	245	131	21.50	46.5	1.59	4.25	8.0	11.25	43.40
74	6.7	22.40	170		244	130	21.00	47.0	1.60	4.26		11.30	43.60
73	6.4	22.30	169	239	243	129	20.70	47.5	1.61	4.27	7.9	11.35	43.80
72	6.1	22.20	168		242	128	20.40	48.0	1.62	4.28		11.40	44.00
71	5.8	22.10	167	238	241	127	20.10	48.5	1.63	4.29	7.8	11.45	44.20
70	5.6	22.00	166		240	126	19.80	49.0	1.64	4.30		11.50	44.40
69	5.4	21.90	165	237		125	19.50	49.5	1.65	4.31	7.7	11.55	44.60
68	5.2	21.80	164		239	124	19.20	50.0	1.66	4.32		11.60	44.80
67	5.0	21.70	163	236		123	18.90	50.5	1.67	4.33	7.6	11.65	45.00
66	4.8	21.60	162		238	122	18.60	51.0	1.68	4.34		11.70	45.20
65	4.6	21.50	161	235		121	18.30	51.5	1.69	4.35	7.5	11.75	45.40
64	4.4	21.40	160		237	120	18.00	52.0	1.70	4.36	7.4	11.80	45.60
63	4.2	21.30		234		119	17.80	52.5	1.71	4.37	7.3	11.85	45.80
62	4.0	21.20	159		236	118	17.60	53.0	1.72	4.38	7.2	11.90	46.00
61	3.8	21.10		233		117	17.40	53.5	1.73	4.39	7.1	11.95	46.20
60	3.6	21.00	158		235	116	17.20	54.0	1.74	4.40	7.0	12.00	46.40
59	3.4	20.90		232		115	17.00	54.5	1.75	4.41		12.05	46.60

续表

分值	坐位体前屈/厘米	五级腹桥/秒	立定跳远/厘米	原地双脚起跳摸高/厘米	助跑单脚起跳摸高/厘米	1分钟单足交替跳绳/个	燕式平衡/秒	肩回环/厘米	5.8米加速跑/秒	3/4全场加速跑/秒	原地跳起双手头上传球/米	十字脚步移动/秒	15米×11折返跑/秒
58	3.2	20.80	157		234	114	16.80	55.0	1.76	4.42	6.9	12.10	46.80
57	3.0	20.70		231		113	16.60	55.5	1.77	4.43		12.15	47.00
56	2.8	20.60	156		233	112	16.40	56.0	1.78	4.44	6.8	12.20	47.20
55	2.6	20.50		230		111	16.20	56.5	1.79	4.45		12.25	47.40
54	2.4	20.40	155		232	110	16.00	57.0	1.80	4.46	6.7	12.30	47.60
53	2.2	20.30		229		109	15.80	57.5	1.81	4.47		12.35	47.80
52	2.0	20.20	154		231	108	15.60	58.0	1.82	4.48	6.6	12.40	48.00
51	1.8	20.10		228		107	15.40	58.5	1.83	4.49		12.45	48.20
50	1.6	20.00	153		230	106	15.20	59.0	1.84	4.50	6.5	12.50	48.40
49	1.4	19.80		227		105	15.00	59.5	1.85	4.51		12.55	48.60
48	1.2	19.60	152		229	104	14.80	60.0	1.86	4.52	6.4	12.60	48.80
47	1.0	19.40		226		103	14.60	60.5	1.87	4.53		12.65	49.00
46	0.8	19.20	151		228	102	14.40	61.0	1.88	4.54	6.3	12.70	49.20
45	0.6	19.00		225		101	14.20	61.5	1.89	4.55		12.75	49.40
44	0.4	18.80	150		227	100	14.00	62.0	1.90	4.56	6.2	12.80	49.60
43	0.2	18.60		224		99	13.80	62.5	1.91	4.57		12.85	49.80
42	0.0	18.40	149		226	98	13.60	63.0	1.92	4.58	6.1	12.90	50.00
41	-0.2	18.20		223		97	13.40	63.5	1.93	4.59		12.95	50.20
40	-0.4	18.00	148		225	96	13.20	64.0	1.94	4.60	6.0	13.00	50.40
39	-0.6	17.80		222		95	13.00	64.5	1.95	4.61		13.05	50.60
38	-0.8	17.60	147		224	94	12.80	65.0	1.96	4.62	5.9	13.10	50.80

续表

分值	坐位体前屈/厘米	五级腹桥/秒	立定跳远/厘米	原地双脚起跳摸高/厘米	助跑单脚起跳摸高/厘米	1分钟单足交替跳绳/个	燕式平衡/秒	肩回环/厘米	5.8米加速跑/秒	3/4全场加速跑/秒	原地跳起双手头上传球/米	十字脚步移动/秒	15米×11折返跑/秒
37	-1.0	17.40		221		93	12.60	65.5	1.97	4.63		13.15	51.00
36	-1.3	17.20	146		223	92	12.40	66.0	1.98	4.64	5.8	13.20	51.20
35	-1.6	17.00		220		91	12.20	66.5	1.99	4.65		13.25	51.40
34	-1.9	16.80	145		222	90	12.00	67.0	2.00	4.66	5.7	13.30	51.60
33	-2.2	16.60		219		89	11.80	67.5	2.01	4.67		13.35	51.80
32	-2.5	16.40	144		221	88	11.60	68.0	2.02	4.68	5.6	13.40	52.00
31	-2.9	16.20		218		87	11.40	68.5	2.03	4.69		13.45	52.20
30	-3.3	16.00	143		220	86	11.20	69.0	2.04	4.70	5.5	13.50	52.40
29	-3.7	15.80		217		85	11.00	69.5	2.05	4.72		13.55	52.60
28	-4.1	15.60	142		219	84	10.80	70.0	2.06	4.74	5.4	13.60	52.80
27	-4.5	15.40		216		83	10.60	70.5	2.07	4.76		13.65	53.00
26	-4.9	15.20	141		218	82	10.40	71.0	2.08	4.78	5.3	13.70	53.20
25	-5.3	15.00		215		81	10.20	71.5	2.09	4.80		13.75	53.40
24	-5.7	14.80	140	214	217	80	10.00	72.0	2.10	4.82	5.2	13.80	53.60
23	-6.1	14.60	139	213		78	9.80	72.5	2.11	4.84		13.85	53.80
22	-6.5	14.40	138	212	216	76	9.60	73.0	2.12	4.86	5.1	13.90	54.00
21	-6.9	14.20	137	211		74	9.40	73.5	2.13	4.88		13.95	54.20
20	-7.3	14.00	136	210	215	72	9.20	74.0	2.14	4.90	5.0	14.00	54.40
19	-7.7	13.80	135	209		70	9.00	74.5	2.15	4.93	4.9	14.20	54.60
18	-8.1	13.60	134	208	214	68	8.80	75.0	2.16	4.96	4.8	14.40	54.80
17	-8.5	13.40	133	207		66	8.60	76.0	2.17	4.99	4.7	14.60	55.00

续表

分值	坐位体前屈/厘米	五级腹桥/秒	立定跳远/厘米	原地双脚起跳摸高/厘米	助跑单脚起跳摸高/厘米	1分钟单足交替跳绳/个	燕式平衡/秒	肩回环/厘米	5.8米加速跑/秒	3/4全场加速跑/秒	原地跳起双手头上传球/米	十字脚步移动/秒	15米×11折返跑/秒
16	-8.9	13.20	132	206	213	64	8.40	77.0	2.18	5.02	4.6	14.80	55.30
15	-9.3	13.00	131	205		62	8.20	78.0	2.19	5.05	4.5	15.00	55.60
14	-9.8	12.80	130	204	212	60	8.00	79.0	2.20	5.08	4.4	15.20	55.90
13	-10.3	12.60	129	203		58	7.80	80.0	2.22	5.11	4.3	15.40	56.20
12	-10.8	12.40	128	202	211	56	7.60	81.0	2.24	5.14	4.2	15.60	56.50
11	-11.3	12.20	127	201		54	7.40	82.0	2.26	5.17	4.1	15.80	56.80
10	-11.8	12.00	126	200	210	52	7.20	83.0	2.28	5.20	4.0	16.00	57.10
9	-12.3	11.80	125	199	209	50	7.00	85.0	2.30	5.24	3.9	16.30	57.40
8	-12.8	11.60	124	198	208	47	6.70	87.0	2.33	5.27	3.8	16.60	57.70
7	-13.3	11.40	123	197	207	44	6.40	89.0	2.36	5.32	3.7	16.90	58.00
6	-13.8	11.20	122	196	206	41	6.10	91.0	2.39	5.36	3.6	17.20	58.50
5	-14.3	11.00	121	195	205	38	5.80	93.0	2.42	5.40	3.5	17.50	59.00
4	-14.8	10.80	120	194	204	35	5.50	95.0	2.45	5.45	3.4	17.80	59.50
3	-15.3	10.60	119	193	203	30	5.20	97.0	2.48	5.50	3.3	18.20	60.00
2	-15.8	10.40	118	192	202	25	4.90	99.0	2.51	5.55	3.2	18.60	60.50
1	-16.3	10.20	117	191	201	20	4.60	101.0	2.54	5.60	3.0	19.00	61.00

附2-9　9~10岁青少年男子篮球体能考核成绩评分表

分值	坐位体前屈/厘米	三级腹桥/秒	立定跳远/厘米	原地双脚起跳摸高/厘米	助跑单脚起跳摸高/厘米	1分钟单足交替跳绳/个	燕式平衡/秒	肩回环/厘米	5.8米加速跑/秒	3/4全场加速跑/秒	原地跳起双手头上传球/米	原地背后抛篮球/米	十字脚步移动/秒	15米×7折返跑/秒
100	17.0	15.00	200	260	285	170	43.00	23.0	1.35	3.75	11.5	11.0	9.20	23.50
99	16.0	14.90	197	257	280	165	42.00	25.0	1.38	3.78	11.0	10.7	9.40	24.00
98	15.0	14.80	194	254	275	160	41.00	27.0	1.41	3.81	10.7	10.4	9.60	24.50
97	14.0	14.70	192	251	272	155	40.00	29.0	1.44	3.84	10.4	10.1	9.80	25.00
96	13.0	14.60	190	248	269	150	39.50	31.0	1.47	3.86	10.1	9.8	10.00	25.30
95	12.0	14.50	188	246	266	147	39.00	33.0	1.50	3.88	9.8	9.6	10.10	25.60
94	11.5	14.40	186	244	263	144	38.50	35.0	1.52	3.90	9.6	9.4	10.20	25.90
93	11.0	14.30	185	242	260	141	38.00	37.0	1.54	3.92	9.4	9.3	10.30	26.20
92	10.5	14.20	184	240	258	138	37.50	39.0	1.56	3.94	9.2	9.2	10.40	26.50
91	10.0	14.10	183	239	256	135	37.00	40.0	1.58	3.96	9.0	9.1	10.50	26.60
90	9.7	14.00	182	238	254	132	36.50	41.0	1.60	3.98	8.9	9.0	10.60	26.70
89	9.4	13.90	181	237	252	130	36.00	42.0	1.62	4.00	8.8	8.9	10.70	26.80
88	9.1	13.80	180	236	250	128	35.50	43.0	1.64	4.02	8.7	8.8	10.80	26.90
87	8.8	13.70	179	235	249	126	35.00	44.0	1.65	4.04	8.6	8.7	10.90	27.00
86	8.5	13.60	178	234	248	124	34.50	45.0	1.66	4.06	8.5	8.6	11.00	27.10
85	8.2	13.50	177	233	247	122	34.00	46.0	1.67	4.08	8.4	8.5	11.10	27.20
84	7.9	13.40	176	232	246	120	33.50	47.0	1.68	4.10	8.3	8.4	11.20	27.30
83	7.6	13.30	175	231	245	119	33.00	48.0	1.69	4.12	8.2	8.3	11.30	27.40
82	7.3	13.20	174	230	244	118	32.50	49.0	1.70	4.14	8.1	8.2	11.40	27.50
81	7.0	13.10	173	229	243	117	32.00	50.0	1.71	4.16	8.0	8.1	11.50	27.60
80	6.7	13.00	172	228	242	116	31.50	50.5	1.72	4.18	7.9	8.0	11.60	27.70

续表

分值	坐位体前屈/厘米	三级腹桥/秒	立定跳远/厘米	原地双脚起跳摸高/厘米	助跑单脚起跳摸高/厘米	1分钟单足交替跳绳/个	燕式平衡/秒	肩回环/厘米	5.8米加速跑/秒	3/4全场加速跑/秒	原地跳起双手头上传球/米	原地背后抛篮球/米	十字脚步移动/秒	15米×7折返跑/秒
79	6.4	12.90	171	227	241	115	31.00	51.0	1.73	4.20	7.8	7.9	11.70	27.80
78	6.1	12.80	170	226	240	114	30.50	51.5	1.74	4.22	7.7	7.8	11.80	27.90
77	5.8	12.70		225	239	113	30.00	52.0	1.75	4.24	7.6	7.7	11.90	28.00
76	5.6	12.60	169		238	112	29.60	52.5	1.76	4.26	7.5	7.6	12.00	28.10
75	5.4	12.50		224	237	111	29.20	53.0	1.77	4.28	7.4	7.5	12.10	28.20
74	5.2	12.40	168		236	110	28.80	53.5	1.78	4.30	7.3	7.4	12.20	28.30
73	5.0	12.30		223	235	109	28.40	54.0	1.79	4.32	7.2	7.3	12.30	28.40
72	4.8	12.20	167		234	108	28.00	54.5	1.80	4.34	7.1	7.2	12.40	28.50
71	4.6	12.10		222	233	107	27.60	55.0	1.81	4.36	7.0	7.1	12.50	28.60
70	4.4	12.00	166		232	106	27.20	55.5	1.82	4.38	6.9	7.0	12.60	28.70
69	4.2	11.90		221	231	105	26.80	56.0	1.83	4.40	6.8	6.9	12.70	28.80
68	4.0	11.80	165		230	104	26.40	56.5	1.84	4.42	6.7	6.8	12.80	28.90
67	3.8	11.70		220		103	26.00	57.0	1.85	4.44	6.6	6.7	12.90	29.00
66	3.6	11.60	164		229	102	25.60	57.5	1.86	4.46	6.5	6.6	13.00	29.10
65	3.4	11.50		219		101	25.20	58.0	1.87	4.48	6.4	6.5	13.10	
64	3.2	11.40	163		228	100	24.80	58.5	1.88	4.50	6.3	6.4	13.20	29.20
63	3.0	11.30		218		99	24.40	59.0	1.89	4.52	6.2	6.3	13.30	
62	2.8	11.20	162		227	98	24.00	59.5	1.90	4.54	6.1	6.2	13.40	29.30
61	2.6	11.10		217		97	23.70	60.0	1.91	4.56	6.0	6.1	13.50	
60	2.4	11.00	161		226	96	23.40	60.5	1.92	4.58	5.9	6.0	13.60	29.40
59	2.2	10.90		216		95	23.10	61.0	1.93	4.60	5.8	5.9	13.70	

续表

分值	坐位体前屈/厘米	三级腹桥/秒	立定跳远/厘米	原地双脚起跳摸高/厘米	助跑单脚起跳摸高/厘米	1分钟单足交替跳绳/个	燕式平衡/秒	肩回环/厘米	5.8米加速跑/秒	3/4全场加速跑/秒	原地跳起双手头上传球/米	原地背后抛篮球/米	十字脚步移动/秒	15米×7折返跑/秒
58	2.0	10.80	160		225	94	22.80	61.5	1.94	4.62	5.7	5.8	13.80	29.50
57	1.8	10.70		215		93	22.50	62.0	1.95	4.64	5.6	5.7	13.90	
56	1.6	10.60	159		224	92	22.20	62.5	1.96	4.66	5.5	5.6	14.00	29.60
55	1.4	10.50		214		91	21.90	63.0	1.97	4.68	5.4	5.5	14.10	
54	1.2	10.40	158		223	90	21.60	63.5	1.98	4.70	5.3		14.20	29.70
53	1.0	10.30		213		89	21.30	64.0	1.99	4.72	5.2	5.4	14.30	
52	0.8	10.20	157		222	88	21.00	64.5	2.00	4.74	5.1		14.40	29.80
51	0.6	10.10		212		87	20.70	65.0	2.01	4.76	5.0	5.3	14.50	
50	0.4	10.00	156		221	86	20.40	65.5	2.02	4.78			14.60	29.90
49	0.2	9.90		211		85	20.10	66.0	2.03	4.80	4.9	5.2	14.70	
48	0.0	9.80	155		220	84	19.80	66.5	2.04	4.82			14.80	30.00
47	-0.2	9.70		210		83	19.50	67.0	2.05	4.84	4.8	5.1	14.90	
46	-0.4	9.60	154		219	82	19.20	67.5	2.06	4.86			15.00	30.10
45	-0.6	9.50		209		81	18.90	68.0	2.07	4.88	4.7	5.0	15.10	30.20
44	-0.8	9.40	153		218	80	18.60	68.5	2.08	4.90			15.20	30.30
43	-1.0	9.30		208		79	18.30	69.0	2.09	4.92	4.6	4.9	15.30	30.40
42	-1.2	9.20	152		217	78	18.00	69.5	2.10	4.94			15.40	30.50
41	-1.4	9.10		207		77	17.70	70.0	2.11	4.96	4.5	4.8	15.50	30.60
40	-1.6	9.00	151		216	76	17.40	70.5	2.12	4.98			15.60	30.70
39	-1.8	8.90		206		75	17.10	71.0	2.13	5.00	4.4	4.7	15.70	30.80
38	-2.0	8.80	150		215	74	16.80	71.5	2.14	5.02			15.80	30.90

续表

分值	坐位体前屈/厘米	三级腹桥/秒	立定跳远/厘米	原地双脚起跳摸高/厘米	助跑单脚起跳摸高/厘米	1分钟单足交替跳绳/个	燕式平衡/秒	肩回环/厘米	5.8米加速跑/秒	3/4全场加速跑/秒	原地跳起双手头上传球/米	原地背后抛篮球/米	十字脚步移动/秒	15米×7折返跑/秒
37	−2.2	8.70		205		73	16.50	72.0	2.15	5.04	4.3	4.6	15.90	31.00
36	−2.4	8.60	149		214	72	16.20	72.5	2.16	5.06			16.00	31.10
35	−2.6	8.50		204		71	15.90	73.0	2.17	5.08	4.2	4.5	16.10	31.20
34	−2.8	8.40	148		213	70	15.60	73.5	2.18	5.10			16.20	31.30
33	−3.0	8.30		203		69	15.30	74.0	2.19	5.12	4.1	4.4	16.30	31.40
32	−3.2	8.20	147		212	68	15.00	74.5	2.20	5.14			16.40	31.50
31	−3.4	8.10		202		67	14.70	75.0	2.21	5.16	4.0	4.3	16.50	31.60
30	−3.6	8.00	146		211	66	14.40	75.5	2.22	5.18			16.60	31.70
29	−3.8	7.90		201		65	14.10	76.0	2.23	5.20	3.9	4.2	16.70	31.80
28	−4.0	7.80	145		210	64	13.80	76.5	2.24	5.22			16.80	31.90
27	−4.2	7.70	144	200		63	13.50	77.0	2.25	5.24	3.8	4.1	16.90	32.00
26	−4.4	7.60	143		209	62	13.20	77.5	2.26	5.26			17.00	32.20
25	−4.6	7.50	142	199		61	12.90	78.0	2.27	5.28	3.7	4.0	17.10	32.40
24	−4.8	7.40	141		208	60	12.60	78.5	2.28	5.30			17.20	32.60
23	−5.0	7.30	140	198		58	12.30	79.0	2.29	5.32	3.6	3.9	17.30	32.80
22	−5.3	7.20	138		207	56	12.00	79.5	2.30	5.34			17.40	33.00
21	−5.6	7.10	136	197		54	11.70	80.0	2.31	5.36	3.5	3.8	17.50	33.20
20	−5.9	7.00	134		206	52	11.40	80.5	2.32	5.38			17.60	33.40
19	−6.2	6.90	132	196		50	11.10	81.0	2.33	5.40	3.4	3.7	17.70	33.60
18	−6.5	6.80	130		205	48	10.80	81.5	2.34	5.42			17.80	33.80
17	−6.8	6.70	128	195	204	46	10.50	82.0	2.35	5.44	3.3	3.6	17.90	34.00

续表

分值	坐位体前屈/厘米	三级腹桥/秒	立定跳远/厘米	原地双脚起跳摸高/厘米	助跑单脚起跳摸高/厘米	1分钟单足交替跳绳/个	燕式平衡/秒	肩回环/厘米	5.8米加速跑/秒	3/4全场加速跑/秒	原地跳起双手头上传球/米	原地背后抛篮球/米	十字脚步移动/秒	15米×7折返跑/秒
16	-7.1	6.60	126		203	44	10.20	82.5	2.36	5.46			18.00	34.20
15	-7.4	6.50	124	194	202	42	9.80	83.0	2.37	5.48	3.2	3.5	18.10	34.40
14	-7.7	6.40	122	193	201	40	9.40	83.5	2.38	5.50			18.20	34.60
13	-8.0	6.30	120	192	200	38	9.00	84.0	2.39	5.52	3.1	3.4	18.30	34.80
12	-8.4	6.20	118	191	199	36	8.60	84.5	2.40	5.54			18.40	35.00
11	-8.8	6.10	116	190	198	34	8.20	85.0	2.42	5.56	3.0	3.3	18.50	35.30
10	-9.3	6.00	114	189	197	32	7.80	86.0	2.44	5.58			18.60	35.60
9	-9.8	5.90	112	188	196	30	7.40	87.0	2.46	5.60	2.9	3.2	18.70	35.90
8	-10.3	5.80	110	187	195	28	7.00	88.0	2.48	5.62			18.80	36.20
7	-10.8	5.70	108	186	194	26	6.60	89.0	2.50	5.64	2.8	3.1	18.90	36.50
6	-11.3	5.60	106	185	192	24	6.20	90.0	2.52	5.66			19.00	36.80
5	-11.8	5.50	104	184	190	22	5.80	92.0	2.54	5.68	2.7	3.0	19.10	37.10
4	-12.3	5.40	102	183	188	20	5.40	94.0	2.56	5.70			19.20	37.40
3	-12.8	5.30	100	182	186	17	5.00	96.0	2.58	5.72	2.6	2.9	19.30	37.70
2	-13.3	5.20	98	181	184	14	4.60	98.0	2.60	5.76			19.40	38.00
1	-13.8	5.10	96	180	182	11	4.20	100.0	2.62	5.80	2.5	2.8	19.50	38.30

附2－10　9～10岁青少年女子篮球体能考核成绩评分表

分值	坐位体前屈/厘米	三级腹桥/秒	立定跳远/厘米	原地双脚起跳摸高/厘米	助跑单脚起跳摸高/厘米	1分钟单足交替跳绳/个	燕式平衡/秒	肩回环/厘米	5.8米加速跑/秒	3/4全场加速跑/秒	原地跳起双手头上传球/米	原地背后抛篮球/米	十字脚步移动/秒	15米×7折返跑/秒
100	19.0	15.00	193	246	258	180	43.00	23.0	1.35	4.15	10.0	9.8	9.30	23.50
99	18.0	14.90	191	243	254	175	42.00	25.0	1.37	4.17	9.7	9.6	9.40	24.00
98	17.0	14.80	189	240	250	170	41.00	27.0	1.39	4.19	9.4	9.4	9.50	24.50
97	16.0	14.70	187	238	246	167	40.00	29.0	1.40	4.20	9.1	9.2	9.60	25.00
96	15.0	14.60	185	236	242	164	39.50	31.0	1.41	4.21	8.8	9.0	9.70	25.30
95	14.0	14.50	184	234	240	161	39.00	33.0	1.42	4.22	8.6	8.9	9.80	25.60
94	13.0	14.40	183	232	238	158	38.50	35.0	1.43	4.23	8.4	8.8	9.90	25.90
93	12.0	14.30	182	230	236	156	38.00	37.0	1.44	4.24	8.3	8.7	10.00	26.20
92	11.5	14.20	181	229	234	154	37.50	39.0	1.45	4.25	8.2	8.6	10.10	26.50
91	11.0	14.10	180	228	232	152	37.00	40.0	1.46	4.26	8.1	8.5	10.20	26.60
90	10.5	14.00	179	227	230	150	36.50	41.0	1.47	4.27	8.0	8.4	10.30	26.70
89	10.0	13.90	178	226	229	148	36.00	42.0	1.48	4.28	7.9	8.3	10.40	26.80
88	9.7	13.80	177	225	228	146	35.50	43.0	1.49	4.29	7.8	8.2	10.50	26.90
87	9.4	13.70	176	224	227	144	35.00	44.0	1.50	4.30	7.7	8.1	10.60	27.00
86	9.1	13.60	175	223	226	142	34.50	45.0	1.51	4.31	7.6	8.0	10.70	27.10
85	8.8	13.50	174	222	225	140	34.00	46.0	1.52	4.32	7.5	7.9	10.80	27.20
84	8.5	13.40	173	221	224	139	33.50	47.0	1.53	4.33	7.4	7.8	10.90	27.30
83	8.2	13.30	172	220	223	138	33.00	48.0	1.54	4.34	7.3	7.7	11.00	27.40
82	7.9	13.20	171	219	222	137	32.50	49.0	1.55	4.35	7.2	7.6	11.10	27.50
81	7.6	13.10	170	218	221	136	32.00	50.0	1.56	4.36	7.1	7.5	11.20	27.60
80	7.3	13.00		217	220	135	31.50	50.5	1.57	4.37	7.0	7.4	11.30	27.70

续表

分值	坐位体前屈/厘米	三级腹桥/秒	立定跳远/厘米	原地双脚起跳摸高/厘米	助跑单脚起跳摸高/厘米	1分钟单足交替跳绳/个	燕式平衡/秒	肩回环/厘米	5.8米加速跑/秒	3/4全场加速跑/秒	原地跳起双手头上传球/米	原地背后抛篮球/米	十字脚步移动/秒	15米×7折返跑/秒
79	7.0	12.90	169	216	219	134	31.00	51.0	1.58	4.38	6.9	7.3	11.40	27.80
78	6.7	12.80		215	218	133	30.50	51.5	1.59	4.39	6.8	7.2	11.50	27.90
77	6.4	12.70	168	214	217	132	30.00	52.0	1.60	4.40	6.7	7.1	11.60	28.00
76	6.1	12.60		213	216	131	29.60	52.5	1.61	4.41	6.6	7.0	11.70	28.10
75	5.8	12.50	167	212	215	130	29.20	53.0	1.62	4.42	6.5	6.9	11.80	28.20
74	5.6	12.40		211		129	28.80	53.5	1.63	4.43	6.4	6.8	11.90	28.30
73	5.4	12.30	166	210	214	128	28.40	54.0	1.64	4.44	6.3	6.7	12.00	28.40
72	5.2	12.20				127	28.00	54.5	1.65	4.45	6.2	6.6	12.10	28.50
71	5.0	12.10	165	209	213	126	27.60	55.0	1.66	4.46	6.1	6.5	12.20	28.60
70	4.8	12.00				125	27.20	55.5	1.67	4.47	6.0	6.4	12.30	28.70
69	4.6	11.90	164	208	212	124	26.80	56.0	1.68	4.48	5.9	6.3	12.40	28.80
68	4.4	11.80				123	26.40	56.5	1.69	4.49	5.8	6.2	12.50	28.90
67	4.2	11.70	163	207	211	122	26.00	57.0	1.70	4.50	5.6	6.1	12.60	29.00
66	4.0	11.60				121	25.60	57.5	1.71	4.51			12.70	29.10
65	3.8	11.50	162	206	210	120	25.20	58.0	1.72	4.52	5.5	6.0	12.80	
64	3.6	11.40				119	24.80	58.5	1.73	4.53			12.90	29.20
63	3.4	11.30	161	205	209	118	24.40	59.0	1.74	4.54	5.4	5.9	13.00	
62	3.2	11.20				117	24.00	59.5	1.75	4.55			13.10	29.30
61	3.0	11.10	160	204	208	116	23.70	60.0	1.76	4.56	5.3	5.8	13.20	
60	2.8	11.00				115	23.40	60.5	1.77	4.57			13.30	29.40
59	2.6	10.90	159	203	207	114	23.10	61.0	1.78	4.58	5.2	5.7	13.40	

续表

分值	坐位体前屈/厘米	三级腹桥/秒	立定跳远/厘米	原地双脚起跳摸高/厘米	助跑单脚起跳摸高/厘米	1 分钟单足交替跳绳/个	燕式平衡/秒	肩回环/厘米	5.8 米加速跑/秒	3/4 全场加速跑/秒	原地跳起双手头上传球/米	原地背后抛篮球/米	十字脚步移动/秒	15 米×7 折返跑/秒
58	2.4	10.80				113	22.80	61.5	1.79	4.59			13.50	29.50
57	2.2	10.70	158	202	206	112	22.50	62.0	1.80	4.60	5.1	5.6	13.60	
56	2.0	10.60				111	22.20	62.5	1.81	4.61			13.70	29.60
55	1.8	10.50	157	201	205	110	21.90	63.0	1.82	4.62	5.0	5.5	13.80	
54	1.6	10.40				109	21.60	63.5	1.83	4.63			13.90	29.70
53	1.4	10.30	156	200	204	108	21.30	64.0	1.84	4.64	4.9	5.4	14.00	
52	1.2	10.20				107	21.00	64.5	1.85	4.65			14.10	29.80
51	1.0	10.10	155	199	203	106	20.70	65.0	1.86	4.66	4.8	5.3	14.20	
50	0.8	10.00				105	20.40	65.5	1.87	4.67			14.30	29.90
49	0.6	9.90	154	198	202	104	20.10	66.0	1.88	4.68	4.7	5.2	14.40	
48	0.4	9.80				103	19.80	66.5	1.89	4.69			14.50	30.00
47	0.2	9.70	153	197	201	102	19.50	67.0	1.90	4.70	4.6	5.1	14.60	
46	0.0	9.60				101	19.20	67.5	1.91	4.71			14.70	30.10
45	-0.2	9.50	152	196	200	100	18.90	68.0	1.92	4.72	4.5	5.0	14.80	30.20
44	-0.4	9.40				99	18.60	68.5	1.93	4.73			14.90	30.30
43	-0.6	9.30	151	195	199	98	18.30	69.0	1.94	4.74	4.4	4.9	15.00	30.40
42	-0.8	9.20				97	18.00	69.5	1.95	4.75			15.10	30.50
41	-1.0	9.10	150	194	198	96	17.70	70.0	1.96	4.76	4.3	4.8	15.20	30.60
40	-1.2	9.00	149			95	17.40	70.5	1.97	4.77			15.30	30.70
39	-1.4	8.90	148	193	197	94	17.10	71.0	1.98	4.78	4.2	4.7	15.40	30.80
38	-1.6	8.80	147			93	16.80	71.5	1.99	4.79			15.50	30.90

续表

分值	坐位体前屈/厘米	三级腹桥/秒	立定跳远/厘米	原地双脚起跳摸高/厘米	助跑单脚起跳摸高/厘米	1分钟单足交替跳绳/个	燕式平衡/秒	肩回环/厘米	5.8米加速跑/秒	3/4全场加速跑/秒	原地跳起双手头上传球/米	原地背后抛篮球/米	十字脚步移动/秒	15米×7折返跑/秒
37	-1.8	8.70	146	192	196	92	16.50	72.0	2.00	4.80	4.1	4.6	15.60	31.00
36	-2.0	8.60	145			91	16.20	72.5	2.01	4.81			15.70	31.10
35	-2.2	8.50	144	191	195	90	15.90	73.0	2.02	4.82	4.0	4.5	15.80	31.20
34	-2.4	8.40	143			89	15.60	73.5	2.03	4.83			15.90	31.30
33	-2.6	8.30	142	190	194	88	15.30	74.0	2.04	4.84	3.9	4.4	16.00	31.40
32	-2.8	8.20	141			87	15.00	74.5	2.05	4.85			16.10	31.50
31	-3.0	8.10	140	189	193	86	14.70	75.0	2.06	4.86	3.8	4.3	16.20	31.60
30	-3.2	8.00	139			85	14.40	75.5	2.07	4.87			16.30	31.70
29	-3.4	7.90	138	188	192	84	14.10	76.0	2.08	4.88	3.7	4.2	16.40	31.80
28	-3.6	7.80	137			83	13.80	76.5	2.09	4.89			16.50	31.90
27	-3.8	7.70	136	187	191	82	13.50	77.0	2.10	4.90	3.6	4.1	16.60	32.00
26	-4.0	7.60	135			81	13.20	77.5	2.11	4.92			16.70	32.20
25	-4.2	7.50	134	186	190	80	12.90	78.0	2.12	4.94	3.5	4.0	16.80	32.40
24	-4.4	7.40	133			78	12.60	78.5	2.13	4.96			16.90	32.60
23	-4.6	7.30	132	185	189	76	12.30	79.0	2.14	4.98	3.4	3.9	17.00	32.80
22	-4.8	7.20	131			74	12.00	79.5	2.15	5.00			17.10	33.00
21	-5.0	7.10	130	184	188	72	11.70	80.0	2.16	5.04	3.3	3.8	17.20	33.20
20	-5.2	7.00	129			70	11.40	80.5	2.17	5.08			17.30	33.40
19	-5.4	6.90	128	183	187	68	11.10	81.0	2.18	5.12	3.2	3.7	17.40	33.60
18	-5.6	6.80	127			66	10.80	81.5	2.19	5.16			17.50	33.80
17	-5.8	6.70	125	182	186	64	10.50	82.0	2.20	5.20	3.1	3.6	17.60	34.00

续表

分值	坐位体前屈/厘米	三级腹桥/秒	立定跳远/厘米	原地双脚起跳摸高/厘米	助跑单脚起跳摸高/厘米	1分钟单足交替跳绳/个	燕式平衡/秒	肩回环/厘米	5.8米加速跑/秒	3/4全场加速跑/秒	原地跳起双手头上传球/米	原地背后抛篮球/米	十字脚步移动/秒	15米×7折返跑/秒
16	-6.0	6.60	123			62	10.20	82.5	2.22	5.24			17.70	34.20
15	-6.4	6.50	121	181	185	60	9.80	83.0	2.24	5.28	3.0	3.5	17.80	34.40
14	-6.8	6.40	119		184	58	9.40	83.5	2.26	5.32			17.90	34.60
13	-7.2	6.30	117	180	183	56	9.00	84.0	2.28	5.36	2.9	3.4	18.00	34.80
12	-7.6	6.20	115	179	182	54	8.60	84.5	2.30	5.40			18.10	35.00
11	-8.0	6.10	113	178	181	52	8.20	85.0	2.32	5.44	2.8	3.3	18.20	35.30
10	-8.5	6.00	111	177	180	50	7.80	86.0	2.34	5.48			18.30	35.60
9	-9.0	5.90	109	176	179	47	7.40	87.0	2.36	5.52	2.7	3.2	18.40	35.90
8	-9.5	5.80	107	175	178	44	7.00	88.0	2.38	5.56			18.50	36.20
7	-10.0	5.70	105	174	177	41	6.60	89.0	2.40	5.60	2.6	3.1	18.60	36.50
6	-10.5	5.60	103	173	176	38	6.20	90.0	2.43	5.64			18.80	36.80
5	-11.0	5.50	101	172	175	35	5.80	92.0	2.46	5.68	2.5	3.0	19.00	37.10
4	-11.5	5.40	99	171	174	30	5.40	94.0	2.49	5.72			19.20	37.40
3	-12.0	5.30	97	170	173	25	5.00	96.0	2.52	5.76	2.4	2.9	19.40	37.70
2	-12.5	5.20	95	169	172	20	4.60	98.0	2.55	5.80			19.60	38.00
1	-13.0	5.10	93	168	170	15	4.20	100.0	2.58	5.84	2.3	2.8	19.80	38.30

附2－11　7～8岁青少年男子篮球体能考核成绩评分表

分值	坐位体前屈/厘米	一级腹桥/秒	立定跳远/厘米	原地双脚起跳摸高/厘米	1分钟单足交替跳绳/个	燕式平衡/秒	肩回环/厘米	5.8米加速跑/秒	原地背后抛篮球/米	十字脚步移动/秒
100	15.0	30.00	190	220	110	30.00	20.0	1.45	10.0	9.40
99	14.0	29.80	186	217	107	29.00	23.0	1.48	9.5	9.60
98	13.0	29.60	182	215	104	28.00	26.0	1.51	9.0	9.80
97	12.0	29.40	178	213	101	27.50	28.0	1.54	8.7	10.00
96	11.5	29.20	175	212	99	27.00	30.0	1.56	8.5	10.10
95	11.0	29.00	172	211	97	26.50	32.0	1.58	8.3	10.20
94	10.5	28.80	169	210	95	26.00	34.0	1.60	8.1	10.30
93	10.0	28.60	166	209	93	25.50	35.0	1.61	8.0	10.40
92	9.7	28.40	164	208	92	25.00	36.0	1.62	7.9	10.50
91	9.4	28.20	162	207	91	24.70	37.0	1.63	7.8	10.60
90	9.1	28.00	160	206	90	24.40	38.0	1.64	7.7	10.70
89	8.8	27.80	159	205	89	24.10	39.0	1.65	7.6	10.80
88	8.5	27.60	158		88	23.80	40.0	1.66	7.5	10.90
87	8.2	27.40	157	204	87	23.50	41.0	1.67	7.4	11.00
86	7.9	27.20	156		86	23.20	42.0	1.68	7.3	11.10
85	7.6	27.00	155	203	85	22.90	43.0	1.69	7.2	11.20
84	7.3	26.90	154		84	22.60	44.0	1.70	7.1	11.30
83	7.0	26.80	153	202	83	22.30	45.0	1.71	7.0	11.40
82	6.7	26.70	152		82	22.00	46.0	1.72	6.9	11.50
81	6.4	26.60	151	201	81	21.70	47.0	1.73	6.8	11.60
80	6.1	26.50	150		80	21.40	48.0	1.74	6.7	11.70

续表

分值	坐位体前屈/厘米	一级腹桥/秒	立定跳远/厘米	原地双脚起跳摸高/厘米	1分钟单足交替跳绳/个	燕式平衡/秒	肩回环/厘米	5.8米加速跑/秒	原地背后抛篮球/米	十字脚步移动/秒
79	5.8	26.40	149	200	79	21.10	49.0	1.75	6.6	11.80
78	5.6	26.30	148		78	20.80	50.0	1.76	6.5	11.90
77	5.4	26.20	147	199	77	20.50	51.0	1.77	6.4	12.00
76	5.2	26.10	146		76	20.20	52.0	1.78	6.3	12.10
75	5.0	26.00	145	198	75	19.90	53.0	1.79	6.2	12.20
74	4.8	25.90	144		74	19.60	54.0	1.80	6.1	12.30
73	4.6	25.80	143	197	73	19.30	55.0	1.81	6.0	12.40
72	4.4	25.70	142		72	19.00	56.0	1.82	5.9	12.50
71	4.2	25.60	141	196	71	18.70	57.0	1.83	5.8	12.60
70	4.0	25.50	140		70	18.40	58.0	1.84	5.7	12.70
69	3.8	25.40		195	69	18.10	59.0	1.85	5.6	12.80
68	3.6	25.30	139		68	17.80	60.0	1.86	5.5	12.90
67	3.4	25.20		194	67	17.50	61.0	1.87	5.4	13.00
66	3.2	25.10	138		66	17.20	62.0	1.88	5.3	13.10
65	3.0	25.00		193	65	16.90	63.0	1.89	5.2	13.20
64	2.8	24.90	137		64	16.60	64.0	1.90	5.1	13.30
63	2.6	24.80		192	63	16.30	65.0	1.91	5.0	13.40
62	2.4	24.70	136		62	16.00	65.5	1.92	4.9	13.50
61	2.2	24.60		191	61	15.70	66.0	1.93	4.8	13.60
60	2.0	24.50	135		60	15.40	66.5	1.94	4.7	13.70
59	1.8	24.40		190	59	15.10	67.0	1.95	4.6	13.80

续表

分值	坐位体前屈/厘米	一级腹桥/秒	立定跳远/厘米	原地双脚起跳摸高/厘米	1分钟单足交替跳绳/个	燕式平衡/秒	肩回环/厘米	5.8米加速跑/秒	原地背后抛篮球/米	十字脚步移动/秒
58	1.6	24.30	134		58	14.80	67.5	1.96	4.5	13.9
57	1.4	24.20		189	57	14.50	68.0	1.97	4.4	14.0
56	1.2	24.10	133		56	14.20	68.5	1.98	4.3	14.1
55	1.0	24.00		188	55	14.00	69.0	1.99	4.2	14.2
54	0.8	23.90	132		54	13.80	69.5	2.00	4.1	14.3
53	0.6	23.80		187	53	13.60	70.0	2.01	4.0	14.4
52	0.4	23.70	131		52	13.40	70.5	2.02		14.5
51	0.2	23.60		186	51	13.20	71.0	2.03	3.9	14.6
50	0.0	23.50	130		50	13.00	71.5	2.04		14.7
49	-0.2	23.40		185	49	12.80	72.0	2.05	3.8	14.8
48	-0.4	23.30	129		48	12.60	72.5	2.06		14.9
47	-0.6	23.20		184	47	12.40	73.0	2.07	3.7	15.0
46	-0.8	23.10	128		46	12.20	73.5	2.08		15.1
45	-1.0	23.00		183	45	12.00	74.0	2.09	3.6	15.2
44	-1.2	22.90	127		44	11.80	74.5	2.10		15.3
43	-1.4	22.80		182	43	11.60	75.0	2.11	3.5	15.4
42	-1.6	22.70	126		42	11.40	75.5	2.12		15.5
41	-1.8	22.60		181	41	11.20	76.0	2.13	3.4	15.6
40	-2.0	22.50	125		40	11.00	76.5	2.14		15.7
39	-2.2	22.40		180	39	10.80	77.0	2.15	3.3	15.8
38	-2.4	22.30	124		38	10.60	77.5	2.16		15.9

续表

分值	坐位体前屈/厘米	一级腹桥/秒	立定跳远/厘米	原地双脚起跳摸高/厘米	1分钟单足交替跳绳/个	燕式平衡/秒	肩回环/厘米	5.8米加速跑/秒	原地背后抛篮球/米	十字脚步移动/秒
37	−2.6	22.20		179	37	10.40	78.0	2.17	3.2	16.0
36	−2.8	22.10	123		36	10.20	78.5	2.18		16.1
35	−3.0	22.00		178	35	10.00	79.0	2.19	3.1	16.2
34	−3.2	21.90	122		34	9.80	79.5	2.20		16.3
33	−3.4	21.80		177	33	9.60	80.0	2.21	3.0	16.4
32	−3.6	21.70	121		32	9.40	80.5	2.22		16.5
31	−3.8	21.60		176	31	9.20	81.0	2.23	2.9	16.6
30	−4.0	21.50	120		30	9.00	81.5	2.24		16.7
29	−4.3	21.40	119	175	29	8.80	82.0	2.25	2.8	16.8
28	−4.6	21.30	118		28	8.60	82.5	2.26		16.9
27	−4.9	21.20	117	174	27	8.40	83.0	2.27	2.7	17.0
26	−5.2	21.10	116		26	8.20	83.5	2.28		17.2
25	−5.5	21.00	115	173	25	8.00	84.0	2.29	2.6	17.4
24	−5.8	20.90	114		24	7.80	84.5	2.30		17.6
23	−6.1	20.80	113	172	23	7.60	85.0	2.31	2.5	17.8
22	−6.4	20.70	112		22	7.40	85.5	2.32		18.0
21	−6.7	20.60	111	171	21	7.20	86.0	2.33	2.4	18.2
20	−7.0	20.50	110		20	7.00	86.5	2.34		18.4
19	−7.3	20.40	109	170	19	6.80	87.0	2.35	2.3	18.6
18	−7.6	20.30	108		18	6.60	87.5	2.36		18.8
17	−7.9	20.20	107	169	17	6.40	88.0	2.37	2.2	19.0

续表

分值	坐位体前屈/厘米	一级腹桥/秒	立定跳远/厘米	原地双脚起跳摸高/厘米	1分钟单足交替跳绳/个	燕式平衡/秒	肩回环/厘米	5.8米加速跑/秒	原地背后抛篮球/米	十字脚步移动/秒
16	-8.2	20.10	106		16	6.20	88.5	2.38		19.20
15	-8.5	20.00	105	168	15	6.00	89.0	2.39	2.1	19.40
14	-8.8	19.70	104		14	5.80	89.5	2.40		19.60
13	-9.1	19.40	103	167	13	5.60	90.0	2.41	2.0	19.80
12	-9.4	19.10	102		12	5.40	90.5	2.43		20.00
11	-9.7	18.80	101	166	11	5.20	91.0	2.45	1.9	20.20
10	-10.0	18.50	100		10	5.00	91.5	2.47		20.40
9	-10.3	18.20	99	165	9	4.80	92.0	2.49	1.8	20.60
8	-10.6	17.90	98		8	4.60	92.5	2.51		20.80
7	-10.9	17.60	97	164	7	4.40	93.0	2.53	1.7	21.00
6	-11.2	17.30	96		6	4.20	93.5	2.55		21.20
5	-11.6	17.00	95	163	5	4.00	94.0	2.57	1.6	21.40
4	-12.0	16.70	94		4	3.80	94.5	2.59		21.60
3	-12.5	16.40	93	162	3	3.60	95.0	2.61	1.5	21.80
2	-13.0	16.10	92		2	3.40	95.5	2.63		22.00
1	-13.5	15.80	91	161	1	3.20	96.0	2.65	1.4	22.20

附2-12　7~8岁青少年女子篮球体能考核成绩评分表

分值	坐位体前屈/厘米	一级腹桥/秒	立定跳远/厘米	原地双脚起跳摸高/厘米	1分钟单足交替跳绳/个	燕式平衡/秒	肩回环/厘米	5.8米加速跑/秒	原地背后抛篮球/米	十字脚步移动/秒
100	16.0	30.00	190	215	125	30.00	20.0	1.40	9.5	9.40
99	15.0	29.80	186	212	121	29.00	22.0	1.44	9.0	9.60
98	14.0	29.60	182	209	117	28.00	24.0	1.48	8.5	9.80
97	13.0	29.40	178	206	114	27.50	26.0	1.52	8.0	10.00
96	12.0	29.20	175	204	111	27.00	27.0	1.56	7.7	10.10
95	11.5	29.00	172	202	108	26.50	28.0	1.60	7.4	10.20
94	11.0	28.80	169	201	106	26.00	29.0	1.62	7.1	10.30
93	10.5	28.60	166	200	104	25.50	30.0	1.64	6.8	10.40
92	10.0	28.40	164		102	25.00	31.0	1.66	6.5	10.50
91	9.7	28.20	162	199	100	24.70	32.0	1.68	6.2	10.60
90	9.4	28.00	160		98	24.40	33.0	1.70	6.1	10.70
89	9.1	27.80	159	198	96	24.10	34.0	1.72	6.0	10.80
88	8.8	27.60	158		94	23.80	35.0	1.74		10.90
87	8.5	27.40	157	197	92	23.50	36.0	1.75	5.9	11.00
86	8.2	27.20	156		90	23.20	37.0	1.76		11.10
85	7.9	27.00	155	196	89	22.90	38.0	1.77	5.8	11.20
84	7.6	26.90	154		88	22.60	39.0	1.78		11.30
83	7.3	26.80	153	195	87	22.30	40.0	1.79	5.7	11.40
82	7.0	26.70	152		86	22.00	40.5	1.80		11.50
81	6.7	26.60	151	194	85	21.70	41.0	1.81	5.6	11.60
80	6.4	26.50	150		84	21.40	41.5	1.82		11.70

续表

分值	坐位体前屈/厘米	一级腹桥/秒	立定跳远/厘米	原地双脚起跳摸高/厘米	1分钟单足交替跳绳/个	燕式平衡/秒	肩回环/厘米	5.8米加速跑/秒	原地背后抛篮球/米	十字脚步移动/秒
79	6.1	26.40	149	193	83	21.10	42.0	1.83	5.5	11.80
78	5.8	26.30	148		82	20.80	42.5	1.84		11.90
77	5.6	26.20	147	192	81	20.50	43.0	1.85	5.4	12.00
76	5.4	26.10	146		80	20.20	43.5	1.86		12.10
75	5.2	26.00	145	191	79	19.90	44.0	1.87	5.3	12.20
74	5.0	25.90	144		78	19.60	44.5	1.88		12.30
73	4.8	25.80	143	190	77	19.30	45.0	1.89	5.2	12.40
72	4.6	25.70	142		76	19.00	45.4	1.90		12.50
71	4.4	25.60	141	189	75	18.70	45.8	1.91	5.1	12.60
70	4.2	25.50	140		74	18.40	46.2	1.92		12.70
69	4.0	25.40		188	73	18.10	46.6	1.93	5.0	12.80
68	3.8	25.30	139		72	17.80	47.0	1.94		12.90
67	3.6	25.20		187	71	17.50	47.4	1.95	4.9	13.00
66	3.4	25.10	138		70	17.20	47.8	1.96		13.10
65	3.2	25.00		186	69	16.90	48.2	1.97	4.8	13.20
64	3.0	24.90	137		68	16.60	48.6	1.98		13.30
63	2.8	24.80		185	67	16.30	49.0	1.99	4.7	13.40
62	2.6	24.70	136		66	16.00	49.4	2.00		13.50
61	2.4	24.60		184	65	15.70	49.8	2.01	4.6	13.60
60	2.2	24.50	135		64	15.40	50.0	2.02		13.70
59	2.0	24.40		183	63	15.10	50.2	2.03	4.5	13.80

续表

分值	坐位体前屈/厘米	一级腹桥/秒	立定跳远/厘米	原地双脚起跳摸高/厘米	1分钟单足交替跳绳/个	燕式平衡/秒	肩回环/厘米	5.8米加速跑/秒	原地背后抛篮球/米	十字脚步移动/秒
58	1.8	24.30	134		62	14.80	50.4	2.04		13.90
57	1.6	24.20		182	61	14.50	50.6	2.05	4.4	14.00
56	1.4	24.10	133		60	14.20	50.8	2.06		14.10
55	1.2	24.00		181	59	14.00	51.0	2.07	4.3	14.20
54	1.0	23.90	132		58	13.80	51.2	2.08		14.30
53	0.8	23.80		180	57	13.60	51.4	2.09	4.2	14.40
52	0.6	23.70	131		56	13.40	51.6	2.10		14.50
51	0.4	23.60		179	55	13.20	51.8	2.11	4.1	14.60
50	0.2	23.50	130		54	13.00	52.0	2.12		14.70
49	0.0	23.40		178	53	12.80	52.5	2.13	4.0	14.80
48	-0.2	23.30	129		52	12.60	53.0	2.14		14.90
47	-0.4	23.20		177	51	12.40	53.5	2.15	3.9	15.00
46	-0.6	23.10	128		50	12.20	54.0	2.16		15.10
45	-0.8	23.00		176	49	12.00	54.5	2.17	3.8	15.20
44	-1.0	22.90	127		48	11.80	55.0	2.18		15.30
43	-1.2	22.80		175	47	11.60	55.5	2.19	3.7	15.40
42	-1.4	22.70	126		46	11.40	56.0	2.20		15.50
41	-1.6	22.60		174	45	11.20	56.5	2.21	3.6	15.60
40	-1.8	22.50	125		44	11.00	57.0	2.22		15.70
39	-2.0	22.40		173	43	10.80	57.5	2.23	3.5	15.80
38	-2.2	22.30	124		42	10.60	58.0	2.24		15.90

续表

分值	坐位体前屈/厘米	一级腹桥/秒	立定跳远/厘米	原地双脚起跳摸高/厘米	1分钟单足交替跳绳/个	燕式平衡/秒	肩回环/厘米	5.8米加速跑/秒	原地背后抛篮球/米	十字脚步移动/秒
37	-2.4	22.20		172	41	10.40	58.5	2.25	3.4	16.00
36	-2.6	22.10	123		40	10.20	59.0	2.26		16.10
35	-2.8	22.00		171	39	10.00	59.5	2.27	3.3	16.20
34	-3.0	21.90	122		38	9.80	60.0	2.28		16.30
33	-3.2	21.80		170	37	9.60	60.5	2.29	3.2	16.40
32	-3.4	21.70	121		36	9.40	61.0	2.30		16.50
31	-3.6	21.60		169	35	9.20	61.5	2.31	3.1	16.60
30	-3.8	21.50	120		34	9.00	62.0	2.32		16.70
29	-4.0	21.40	119	168	33	8.80	62.5	2.33	3.0	16.80
28	-4.2	21.30	118		32	8.60	63.0	2.34		16.90
27	-4.4	21.20	117	167	31	8.40	63.5	2.35	2.9	17.00
26	-4.6	21.10	116		30	8.20	64.0	2.36		17.20
25	-4.8	21.00	115	166	29	8.00	64.5	2.37	2.8	17.40
24	-5.0	20.90	114		28	7.80	65.0	2.38		17.60
23	-5.3	20.80	113	165	27	7.60	65.5	2.39	2.7	17.80
22	-5.6	20.70	112		26	7.40	66.0	2.40		18.00
21	-5.9	20.60	111	164	25	7.20	66.5	2.41	2.6	18.20
20	-6.2	20.50	110		24	7.00	67.0	2.42		18.40
19	-6.5	20.40	109	163	23	6.80	67.5	2.43	2.5	18.60
18	-6.8	20.30	108		22	6.60	68.0	2.44		18.80
17	-7.1	20.20	107	162	21	6.40	68.5	2.45	2.4	19.00

续表

分值	坐位体前屈/厘米	一级腹桥/秒	立定跳远/厘米	原地双脚起跳摸高/厘米	1分钟单足交替跳绳/个	燕式平衡/秒	肩回环/厘米	5.8米加速跑/秒	原地背后抛篮球/米	十字脚步移动/秒
16	-7.4	20.10	106		20	6.20	69.0	2.46		19.20
15	-7.7	20.00	105	161	19	6.00	69.5	2.47	2.3	19.40
14	-8.0	19.70	104		18	5.80	70.0	2.48		19.60
13	-8.3	19.40	103	160	17	5.60	71.0	2.49	2.2	19.80
12	-8.6	19.10	102		16	5.40	72.0	2.50		20.00
11	-8.9	18.80	101	159	15	5.20	73.0	2.51	2.1	20.20
10	-9.2	18.50	100		14	5.00	74.0	2.52		20.40
9	-9.5	18.20	99	158	13	4.80	75.0	2.53	2.0	20.60
8	-9.8	17.90	98		12	4.60	77.0	2.54		20.80
7	-10.2	17.60	97	157	11	4.40	79.0	2.55	1.9	21.00
6	-10.6	17.30	96		10	4.20	81.0	2.56		21.20
5	-11.0	17.00	95	156	9	4.00	83.0	2.57	1.8	21.40
4	-11.4	16.70	94		8	3.80	85.0	2.58		21.60
3	-11.8	16.40	93	155	7	3.60	87.0	2.59	1.7	21.80
2	-12.2	16.10	92		6	3.40	89.0	2.60		22.00
1	-12.6	15.80	91	154	5	3.20	91.0	2.61	1.6	22.20

附录三 7～18岁青少年篮球技能评定标准

附3-1 17～18岁青少年男子篮球技能考核成绩评分表

分值	全场左右手运球见线折返/秒	全场综合多点传接球/秒	全场综合运球上篮/秒	0°，45°，90° 7步后退投篮/分	1分30秒自投自抢/%
100	27.00	15.20	34.00	70	55.0
99	28.00	15.40	34.50	69	54.0
98	29.00	15.60	35.00	68	53.0
97	29.50	15.80	35.50	67	52.0
96	30.00	16.00	36.00	66	51.0
95	30.50	16.20	36.50	65	50.0
94	31.00	16.40	37.00	64	49.5
93	31.50	16.60	37.50	63	49.0
92	32.00	16.80	38.00	62	48.5
91	32.50	17.00	38.30	61	48.0
90	33.00	17.10	38.60	60	47.5
89	33.50	17.20	38.90	59	47.0
88	34.00	17.30	39.20	58	46.5
87	34.50	17.40	39.50	57	46.0
86	35.00	17.50	39.80	56	45.5
85	35.30	17.60	40.00	55	45.0
84	35.60	17.70	40.20	54	44.5
83	35.90	17.80	40.40	53	44.0

续表

分值	全场左右手运球见线折返/秒	全场综合多点传接球/秒	全场综合运球上篮/秒	0°，45°，90° 7 步后退投篮/分	1 分 30 秒自投自抢/%
82	36. 20	17. 90	40. 60	52	43. 5
81	36. 50	18. 00	40. 80	51	43. 0
80	36. 80	18. 10	41. 00	50	42. 5
79	37. 00	18. 20	41. 20	49	42. 0
78	37. 20	18. 30	41. 40	48	41. 5
77	37. 40	18. 40	41. 60	47	41. 0
76	37. 60	18. 50	41. 80	46	40. 5
75	37. 80	18. 60	42. 00	45	40. 0
74	38. 00	18. 70	42. 20	44	39. 5
73	38. 20	18. 80	42. 40	43	39. 0
72	38. 40	18. 90	42. 60	42	38. 5
71	38. 60	19. 00	42. 80	41	38. 0
70	38. 80	19. 10	43. 00	40	37. 5
69	39. 00	19. 20	43. 20		37. 0
68	39. 20	19. 30	43. 40	39	36. 5
67	39. 40	19. 40	43. 60		36. 0
66	39. 60	19. 50	43. 80	38	35. 5
65	39. 80	19. 60	44. 00		35. 0
64	40. 00	19. 70	44. 20	37	34. 5
63	40. 20	19. 80	44. 40		34. 0
62	40. 40	19. 90	44. 60	36	33. 5
61	40. 60	20. 00	44. 80		33. 0

续表

分值	全场左右手运球见线折返/秒	全场综合多点传接球/秒	全场综合运球上篮/秒	0°，45°，90° 7步后退投篮/分	1分30秒自投自抢/%
60	40.80	20.10	45.00	35	32.5
59	41.00	20.20	45.20		32.0
58	41.20	20.30	45.40	34	31.5
57	41.40	20.40	45.60		31.0
56	41.60	20.50	45.80	33	30.5
55	41.80	20.60	46.00		30.0
54	42.00	20.70	46.20	32	29.5
53	42.10	20.80	46.40		29.0
52	42.20	20.90	46.60	31	28.5
51	42.30	21.00	46.80		28.0
50	42.40	21.05	47.00	30	27.5
49	42.50	21.10	47.20		27.0
48	42.60	21.15	47.40	29	26.5
47	42.70	21.20	47.60		26.0
46	42.80	21.25	47.80	28	25.5
45	42.90	21.30	48.00		25.0
44	43.00	21.35	48.20	27	24.5
43	43.10	21.40	48.40		24.0
42	43.20	21.45	48.60	26	23.5
41	43.30	21.50	48.80		23.0
40	43.40	21.60	49.00	25	22.5
39	43.50	21.70	49.20		22.0

续表

分值	全场左右手运球见线折返/秒	全场综合多点传接球/秒	全场综合运球上篮/秒	0°，45°，90° 7步后退投篮/分	1分30秒自投自抢/%
38	43.60	21.80	49.40	24	21.5
37	43.70	21.90	49.60		21.0
36	43.80	22.00	49.80	23	20.5
35	43.90	22.10	50.00		20.0
34	44.00	22.20	50.30	22	19.5
33	44.20	22.30	50.60		19.0
32	44.40	22.40	50.90	21	18.5
31	44.60	22.50	51.20		18.0
30	44.80	22.60	51.50	20	17.5
29	45.00	22.70	51.80		17.0
28	45.20	22.80	52.10	19	16.5
27	45.40	22.90	52.40		16.0
26	45.60	23.00	52.70	18	15.5
25	45.80	23.10	53.00		15.0
24	46.00	23.20	53.50	17	14.5
23	46.20	23.30	54.00		14.0
22	46.40	23.40	54.50	16	13.5
21	46.60	23.50	55.00		13.0
20	46.80	23.60	55.50	15	12.5
19	47.00	23.70	56.00		12.0
18	47.20	23.80	56.50	14	11.5
17	47.40	23.90	57.00		11.0

续表

分值	全场左右手运球见线折返/秒	全场综合多点传接球/秒	全场综合运球上篮/秒	0°，45°，90° 7步后退投篮/分	1分30秒自投自抢/%
16	47.60	24.00	57.50	13	10.5
15	47.80	24.20	58.00		10.0
14	48.00	24.40	58.50		9.5
13	48.30	24.60	59.00	12	9.0
12	48.60	24.80	59.50		8.5
11	48.90	25.00	60.00		8.0
10	49.20	25.20	60.50	11	7.5
9	49.50	25.40	61.00		7.0
8	49.80	25.60	61.50		6.5
7	50.10	25.80	62.00	10	6.0
6	50.40	26.00	62.50		5.5
5	50.70	26.30	63.00		5.0
4	51.00	26.60	64.00	9	4.5
3	51.50	26.90	65.00		4.0
2	52.00	27.20	66.00		3.5
1	52.50	27.50	67.00	8	3.0

附 3-2 17~18 岁青少年女子篮球运动员技能考核成绩评分表

分值	全场左右手运球见线折返/秒	全场综合多点传接球/秒	全场综合运球上篮/秒	0°，45°，90° 7 步后退投篮/分	1 分 30 秒自投自抢/%
100	29.00	16.00	37.00	65	50.0
99	30.00	16.20	37.50	64	49.5
98	31.00	16.40	38.00	63	49.0
97	31.50	16.60	38.30	62	48.5
96	32.00	16.80	38.60	61	48.0
95	32.50	17.00	38.90	60	47.5
94	33.00	17.10	39.20	59	47.0
93	33.50	17.20	39.50	58	46.5
92	34.00	17.30	39.80	57	46.0
91	34.50	17.40	40.00	56	45.5
90	35.00	17.50	40.20	55	45.0
89	35.30	17.60	40.40	54	44.5
88	35.60	17.70	40.60	53	44.0
87	35.90	17.80	40.80	52	43.5
86	36.20	17.90	41.00	51	43.0
85	36.50	18.00	41.20	50	42.5
84	36.80	18.10	41.40	49	42.0
83	37.00	18.20	41.60	48	41.5
82	37.20	18.30	41.80	47	41.0
81	37.40	18.40	42.00	46	40.5
80	37.60	18.50	42.20	45	40.0
79	37.80	18.60	42.40	44	39.5

续表

分值	全场左右手运球见线折返/秒	全场综合多点传接球/秒	全场综合运球上篮/秒	0°，45°，90° 7步后退投篮/分	1分30秒自投自抢/%
78	38.00	18.70	42.60	43	39.0
77	38.20	18.80	42.80	42	38.5
76	38.40	18.90	43.00	41	38.0
75	38.60	19.00	43.20	40	37.5
74	38.80	19.10	43.40		37.0
73	39.00	19.20	43.60	39	36.5
72	39.20	19.30	43.80		36.0
71	39.40	19.40	44.00	38	35.5
70	39.60	19.50	44.20		35.0
69	39.80	19.60	44.40	37	34.5
68	40.00	19.70	44.60		34.0
67	40.20	19.80	44.80	36	33.5
66	40.40	19.90	45.00		33.0
65	40.60	20.00	45.20	35	32.5
64	40.80	20.10	45.40		32.0
63	41.00	20.20	45.60	34	31.5
62	41.20	20.30	45.80		31.0
61	41.40	20.40	46.00	33	30.5
60	41.60	20.50	46.20		30.0
59	41.80	20.60	46.40	32	29.5
58	42.00	20.70	46.60		29.0
57	42.10	20.80	46.80	31	28.5

续表

分值	全场左右手运球见线折返/秒	全场综合多点传接球/秒	全场综合运球上篮/秒	0°，45°，90° 7步后退投篮/分	1分30秒自投自抢/%
56	42.20	20.90	47.00		28.0
55	42.30	21.00	47.20	30	27.5
54	42.40	21.05	47.40		27.0
53	42.50	21.10	47.60	29	26.5
52	42.60	21.15	47.80		26.0
51	42.70	21.20	48.00	28	25.5
50	42.80	21.25	48.20		25.0
49	42.90	21.30	48.40	27	24.5
48	43.00	21.35	48.60		24.0
47	43.10	21.40	48.80	26	23.5
46	43.20	21.45	49.00		23.0
45	43.30	21.50	49.20	25	22.5
44	43.40	21.60	49.40		22.0
43	43.50	21.70	49.60	24	21.5
42	43.60	21.80	49.80		21.0
41	43.70	21.90	50.00	23	20.5
40	43.80	22.00	50.30		20.0
39	43.90	22.10	50.60	22	19.5
38	44.00	22.20	50.90		19.0
37	44.20	22.30	51.20	21	18.5
36	44.40	22.40	51.50		18.0
35	44.60	22.50	51.80	20	17.5

续表

分值	全场左右手运球见线折返/秒	全场综合多点传接球/秒	全场综合运球上篮/秒	0°，45°，90° 7步后退投篮/分	1分30秒自投自抢/%
34	44.80	22.60	52.10		17.0
33	45.00	22.70	52.40	19	16.5
32	45.20	22.80	52.70		16.0
31	45.40	22.90	53.00	18	15.5
30	45.60	23.00	53.50		15.0
29	45.80	23.10	54.00	17	14.5
28	46.00	23.20	54.50		14.0
27	46.20	23.30	55.00	16	13.5
26	46.40	23.40	55.50		13.0
25	46.60	23.50	56.00	15	12.5
24	46.80	23.60	56.50		12.0
23	47.00	23.70	57.00	14	11.5
22	47.20	23.80	57.50		11.0
21	47.40	23.90	58.00	13	10.5
20	47.60	24.00	58.50		10.0
19	47.80	24.20	59.00		9.5
18	48.00	24.40	59.50	12	9.0
17	48.30	24.60	60.00		8.5
16	48.60	24.80	60.50		8.0
15	48.90	25.00	61.00	11	7.5
14	49.20	25.20	62.00		7.0
13	49.50	25.40	63.00		6.5

续表

分值	全场左右手运球见线折返/秒	全场综合多点传接球/秒	全场综合运球上篮/秒	0°，45°，90° 7 步后退投篮/分	1 分 30 秒自投自抢/%
12	49.80	25.60	64.00	10	6.0
11	50.10	25.80	65.00		5.5
10	50.40	26.00	66.00		5.0
9	50.70	26.30	67.00	9	4.5
8	51.00	26.60	68.00		4.0
7	51.30	26.90	69.00	8	3.5
6	51.60	27.20	70.00		3.0
5	51.90	27.50	71.00	7	2.5
4	52.20	27.80	68.00		2.0
3	52.50	28.10	69.00	6	1.5
2	53.00	28.40	70.00		1.0
1	53.50	28.70	71.00	5	0.5

附3－3　15～16岁青少年男子篮球运动员技能考核成绩评分表

分值	全场左右手运球见线折返/秒	全场综合多点传接球/秒	全场综合运球上篮/秒	0°，45°，90° 7步后退投篮/分	1分30秒自投自抢/%
100	29.00	15.60	35.00	62	50.0
99	30.00	15.80	35.50	61	49.5
98	31.00	16.00	36.00	60	49.0
97	31.50	16.20	36.50	59	48.5
96	32.00	16.40	37.00	58	48.0
95	32.50	16.60	37.50	57	47.5
94	33.00	16.80	38.00	56	47.0
93	33.50	17.00	38.30	55	46.5
92	34.00	17.10	38.60	54	46.0
91	34.50	17.20	38.90	53	45.5
90	35.00	17.30	39.20	52	45.0
89	35.30	17.40	39.50	51	44.5
88	35.60	17.50	39.80	50	44.0
87	35.90	17.60	40.00	49	43.5
86	36.20	17.70	40.20	48	43.0
85	36.50	17.80	40.40	47	42.5
84	36.80	17.90	40.60	46	42.0
83	37.00	18.00	40.80	45	41.5
82	37.20	18.10	41.00	44	41.0
81	37.40	18.20	41.20	43	40.5
80	37.60	18.30	41.40	42	40.0
79	37.80	18.40	41.60	41	39.5

续表

分值	全场左右手运球见线折返/秒	全场综合多点传接球/秒	全场综合运球上篮/秒	0°，45°，90° 7步后退投篮/分	1分30秒自投自抢/%
78	38.00	18.50	41.80		39.0
77	38.20	18.60	42.00	40	38.5
76	38.40	18.70	42.20		38.0
75	38.60	18.80	42.40	39	37.5
74	38.80	18.90	42.60		37.0
73	39.00	19.00	42.80	38	36.5
72	39.20	19.10	43.00		36.0
71	39.40	19.20	43.20	37	35.5
70	39.60	19.30	43.40		35.0
69	39.80	19.40	43.60	36	34.5
68	40.00	19.50	43.80		34.0
67	40.20	19.60	44.00	35	33.5
66	40.40	19.70	44.20		33.0
65	40.60	19.80	44.40	34	32.5
64	40.80	19.90	44.60		32.0
63	41.00	20.00	44.80	33	31.5
62	41.20	20.10	45.00		31.0
61	41.40	20.20	45.20	32	30.5
60	41.60	20.30	45.40		30.0
59	41.80	20.40	45.60	31	29.5
58	42.00	20.50	45.80		29.0
57	42.10	20.60	46.00	30	28.5

续表

分值	全场左右手运球见线折返/秒	全场综合多点传接球/秒	全场综合运球上篮/秒	0°，45°，90° 7步后退投篮/分	1分30秒自投自抢/%
56	42.20	20.70	46.20		28.0
55	42.30	20.80	46.40	29	27.5
54	42.40	20.90	46.60		27.0
53	42.50	21.00	46.80	28	26.5
52	42.60	21.05	47.00		26.0
51	42.70	21.10	47.20	27	25.5
50	42.80	21.15	47.40		25.0
49	42.90	21.20	47.60	26	24.5
48	43.00	21.25	47.80		24.0
47	43.10	21.30	48.00	25	23.5
46	43.20	21.35	48.20		23.0
45	43.30	21.40	48.40	24	22.5
44	43.40	21.45	48.60		22.0
43	43.50	21.50	48.80	23	21.5
42	43.60	21.60	49.00		21.0
41	43.70	21.70	49.20	22	20.5
40	43.80	21.80	49.40		20.0
39	43.90	21.90	49.60	21	19.5
38	44.00	22.00	49.80		19.0
37	44.20	22.10	50.00	20	18.5
36	44.40	22.20	50.30		18.0
35	44.60	22.30	50.60	19	17.5

续表

分值	全场左右手运球见线折返/秒	全场综合多点传接球/秒	全场综合运球上篮/秒	0°，45°，90° 7步后退投篮/分	1分30秒自投自抢/%
34	44.80	22.40	50.90		17.0
33	45.00	22.50	51.20	18	16.5
32	45.20	22.60	51.50		16.0
31	45.40	22.70	51.80	17	15.5
30	45.60	22.80	52.10		15.0
29	45.80	22.90	52.40	16	14.5
28	46.00	23.00	52.70		14.0
27	46.20	23.10	53.00	15	13.5
26	46.40	23.20	53.50		13.0
25	46.60	23.30	54.00	14	12.5
24	46.80	23.40	54.50		12.0
23	47.00	23.50	55.00	13	11.5
22	47.20	23.60	55.50		11.0
21	47.40	23.70	56.00	12	10.5
20	47.60	23.80	56.50		10.0
19	47.80	23.90	57.00	11	9.5
18	48.00	24.00	57.50		9.0
17	48.30	24.20	58.00		8.5
16	48.60	24.40	58.50	10	8.0
15	48.90	24.60	59.00		7.5
14	49.20	24.80	59.50		7.0
13	49.50	25.00	60.00	9	6.5

续表

分值	全场左右手运球见线折返/秒	全场综合多点传接球/秒	全场综合运球上篮/秒	0°，45°，90° 7步后退投篮/分	1分30秒自投自抢/%
12	49.80	25.20	60.50		6.0
11	50.10	25.40	61.00		5.5
10	50.40	25.60	61.50	8	5.0
9	50.70	25.80	62.00		4.5
8	51.00	26.00	63.00		4.0
7	51.30	26.30	64.00	7	3.5
6	51.60	26.60	65.00		3.0
5	51.90	26.90	66.00		2.5
4	52.20	27.20	67.00	6	2.0
3	52.50	27.50	68.00		1.5
2	53.00	27.80	69.00		1.0
1	53.50	28.10	70.00	5	0.5

附 3－4 15～16 岁青少年女子篮球技能考核成绩评分表

分值	全场左右手运球见线折返/秒	全场综合多点传接球/秒	全场综合运球上篮/秒	0°，45°，90° 7 步后退投篮/分	1 分 30 秒自投自抢/%
100	30.00	16.60	35.50	58	45.0
99	31.00	16.80	36.00	57	44.5
98	31.50	17.00	36.50	56	44.0
97	32.00	17.10	37.00	55	43.5
96	32.50	17.20	37.50	54	43.0
95	33.00	17.30	38.00	53	42.5
94	33.50	17.40	38.30	52	42.0
93	34.00	17.50	38.60	51	41.5
92	34.50	17.60	38.90	50	41.0
91	35.00	17.70	39.20	49	40.5
90	35.30	17.80	39.50	48	40.0
89	35.60	17.90	39.80	47	39.5
88	35.90	18.00	40.00	46	39.0
87	36.20	18.10	40.20	45	38.5
86	36.50	18.20	40.40	44	38.0
85	36.80	18.30	40.60	43	37.5
84	37.00	18.40	40.80	42	37.0
83	37.20	18.50	41.00	41	36.5
82	37.40	18.60	41.20	40	36.0
81	37.60	18.70	41.40		35.5
80	37.80	18.80	41.60	43	35.0
79	38.00	18.90	41.80		34.5

续表

分值	全场左右手运球见线折返/秒	全场综合多点传接球/秒	全场综合运球上篮/秒	0°，45°，90° 7步后退投篮/分	1分30秒自投自抢/%
78	38.20	19.00	42.00	42	34.0
77	38.40	19.10	42.20		33.5
76	38.60	19.20	42.40	41	33.0
75	38.80	19.30	42.60		32.5
74	39.00	19.40	42.80	40	32.0
73	39.20	19.50	43.00		31.6
72	39.40	19.60	43.20	39	31.2
71	39.60	19.70	43.40		30.8
70	39.80	19.80	43.60	38	30.4
69	40.00	19.90	43.80		30.0
68	40.20	20.00	44.00	37	29.6
67	40.40	20.10	44.20		29.2
66	40.60	20.20	44.40	36	28.8
65	40.80	20.30	44.60		28.4
64	41.00	20.40	44.80	35	28.0
63	41.20	20.50	45.00		27.7
62	41.40	20.60	45.20	34	27.4
61	41.60	20.70	45.40		27.1
60	41.80	20.80	45.60		26.8
59	42.00	20.90	45.80	33	26.5
58	42.10	21.00	46.00		26.2
57	42.20	21.05	46.20		25.9

续表

分值	全场左右手运球见线折返/秒	全场综合多点传接球/秒	全场综合运球上篮/秒	0°，45°，90° 7 步后退投篮/分	1 分 30 秒自投自抢/%
56	42. 30	21. 10	46. 40	32	25. 6
55	42. 40	21. 15	46. 60		25. 3
54	42. 50	21. 20	46. 80		25. 0
53	42. 60	21. 25	47. 00	31	24. 6
52	42. 70	21. 30	47. 20		24. 2
51	42. 80	21. 35	47. 40		23. 8
50	42. 90	21. 40	47. 60	30	23. 4
49	43. 00	21. 45	47. 80		23. 0
48	43. 10	21. 50	48. 00		22. 6
47	43. 20	21. 60	48. 20	29	22. 2
46	43. 30	21. 70	48. 40		21. 8
45	43. 40	21. 80	48. 60		21. 4
44	43. 50	21. 90	48. 80	28	21. 0
43	43. 60	22. 00	49. 00		20. 6
42	43. 70	22. 10	49. 20		20. 2
41	43. 80	22. 20	49. 40	27	19. 8
40	43. 90	22. 30	49. 60		19. 4
39	44. 00	22. 40	49. 80	26	19. 0
38	44. 20	22. 50	50. 00		18. 6
37	44. 40	22. 60	50. 30	25	18. 2
36	44. 60	22. 70	50. 60		17. 8
35	44. 80	22. 80	50. 90	24	17. 4

续表

分值	全场左右手运球见线折返/秒	全场综合多点传接球/秒	全场综合运球上篮/秒	0°，45°，90° 7步后退投篮/分	1分30秒自投自抢/%
34	45.00	22.90	51.20		17.0
33	45.20	23.00	51.50	23	16.6
32	45.40	23.10	51.80		16.2
31	45.60	23.20	52.10	22	15.8
30	45.80	23.30	52.40		15.4
29	46.00	23.40	52.70	21	15.0
28	46.20	23.50	53.00		14.6
27	46.40	23.60	53.50	20	14.2
26	46.60	23.70	54.00		13.8
25	46.80	23.80	54.50	19	13.4
24	47.00	23.90	55.00		13.0
23	47.20	24.00	55.50	18	12.6
22	47.40	24.20	56.00		12.2
21	47.60	24.40	56.50	17	11.8
20	47.80	24.60	57.00		11.4
19	48.00	24.80	57.50	16	11.0
18	48.30	25.00	58.00		10.6
17	48.60	25.20	58.50	15	10.2
16	48.90	25.40	59.00		9.8
15	49.20	25.60	59.50	14	9.4
14	49.50	25.80	60.00		9.0
13	49.80	26.00	60.50	13	8.6

续表

分值	全场左右手运球见线折返/秒	全场综合多点传接球/秒	全场综合运球上篮/秒	0°，45°，90° 7 步后退投篮/分	1 分 30 秒自投自抢/%
12	50. 10	26. 20	61. 00		8. 2
11	50. 40	26. 40	62. 00	12	7. 8
10	50. 70	26. 60	63. 00		7. 4
9	51. 00	26. 80	64. 00	11	7. 0
8	51. 30	27. 00	65. 00		6. 6
7	51. 60	27. 30	66. 00	10	6. 2
6	51. 90	27. 60	67. 00	9	5. 8
5	52. 20	27. 90	68. 00	8	5. 4
4	52. 50	28. 20	69. 00	7	5. 0
3	53. 00	28. 50	70. 00	6	4. 5
2	53. 50	28. 80	71. 00	5	4. 0
1	54. 00	29. 10	72. 00	4	3. 5

附3－5　13～14岁青少年男子篮球技能考核成绩评分表

分值	全场左右手运球见线折返/秒	全场综合多点传接球/秒	全场综合运球上篮/秒	0°，45°，90° 7步后退投篮/分	1分30秒自投自抢/%
100	31.00	16.00	35.50	43	60.0
99	31.50	16.20	36.00		59.0
98	32.00	16.40	36.50	42	58.5
97	32.50	16.60	37.00		58.0
96	33.00	16.80	37.50	41	57.5
95	33.50	17.00	38.00		57.0
94	34.00	17.10	38.30	40	56.5
93	34.50	17.20	38.60		56.0
92	35.00	17.30	38.90	39	55.5
91	35.30	17.40	39.20		55.0
90	35.60	17.50	39.50	38	54.5
89	35.90	17.60	39.80		54.0
88	36.20	17.70	40.00	37	53.5
87	36.50	17.80	40.20		53.0
86	36.80	17.90	40.40	36	52.5
85	37.00	18.00	40.60		52.0
84	37.20	18.10	40.80	35	51.5
83	37.40	18.20	41.00		51.0
82	37.60	18.30	41.20	34	50.5
81	37.80	18.40	41.40		50.0
80	38.00	18.50	41.60	33	49.5
79	38.20	18.60	41.80		49.0

续表

分值	全场左右手运球见线折返/秒	全场综合多点传接球/秒	全场综合运球上篮/秒	0°，45°，90° 7 步后退投篮/分	1 分 30 秒自投自抢/%
78	38. 40	18. 70	42. 00	32	48. 5
77	38. 60	18. 80	42. 20		48. 0
76	38. 80	18. 90	42. 40	31	47. 5
75	39. 00	19. 00	42. 60		47. 0
74	39. 20	19. 10	42. 80	30	46. 5
73	39. 40	19. 20	43. 00		46. 0
72	39. 60	19. 30	43. 20	29	45. 5
71	39. 80	19. 40	43. 40		45. 0
70	40. 00	19. 50	43. 60	28	44. 5
69	40. 20	19. 60	43. 80		44. 0
68	40. 40	19. 70	44. 00	27	43. 5
67	40. 60	19. 80	44. 20		43. 0
66	40. 80	19. 90	44. 40	26	42. 5
65	41. 00	20. 00	44. 60		42. 0
64	41. 20	20. 10	44. 80	25	41. 5
63	41. 40	20. 20	45. 00		41. 0
62	41. 60	20. 30	45. 20	24	40. 5
61	41. 80	20. 40	45. 40		40. 0
60	42. 00	20. 50	45. 60	23	39. 5
59	42. 10	20. 60	45. 80		39. 0
58	42. 20	20. 70	46. 00	22	38. 5
57	42. 30	20. 80	46. 20		38. 0

续表

分值	全场左右手运球见线折返/秒	全场综合多点传接球/秒	全场综合运球上篮/秒	0°，45°，90° 7步后退投篮/分	1分30秒自投自抢/%
56	42.40	20.90	46.40	21	37.5
55	42.50	21.00	46.60		37.0
54	42.60	21.05	46.80	20	36.5
53	42.70	21.10	47.00		36.0
52	42.80	21.15	47.20	19	35.5
51	42.90	21.20	47.40		35.0
50	43.00	21.25	47.60	18	34.5
49	43.10	21.30	47.80		34.0
48	43.20	21.35	48.00	17	33.5
47	43.30	21.40	48.20		33.0
46	43.40	21.45	48.40		32.5
45	43.50	21.50	48.60	16	32.0
44	43.60	21.60	48.80		31.5
43	43.70	21.70	49.00		31.0
42	43.80	21.80	49.20	15	30.5
41	43.90	21.90	49.40		30.0
40	44.00	22.00	49.60		29.5
39	44.20	22.10	49.80	14	29.0
38	44.40	22.20	50.00		28.5
37	44.60	22.30	50.30		28.0
36	44.80	22.40	50.60		27.5
35	45.00	22.50	50.90	13	27.0

续表

分值	全场左右手运球见线折返/秒	全场综合多点传接球/秒	全场综合运球上篮/秒	0°，45°，90° 7步后退投篮/分	1分30秒自投自抢/%
34	45.20	22.60	51.20		26.5
33	45.40	22.70	51.50		26.0
32	45.60	22.80	51.80		25.5
31	45.80	22.90	52.10	12	25.0
30	46.00	23.00	52.40		24.5
29	46.20	23.10	52.70		24.0
28	46.40	23.20	53.00		23.5
27	46.60	23.30	53.50	11	23.0
26	46.80	23.40	54.00		22.5
25	47.00	23.50	54.50		22.0
24	47.20	23.60	55.00		21.5
23	47.40	23.70	55.50	10	21.0
22	47.60	23.80	56.00		20.5
21	47.80	23.90	56.50		20.0
20	48.00	24.00	57.00		19.5
19	48.30	24.20	57.50	9	19.0
18	48.60	24.40	58.00		18.5
17	48.90	24.60	58.50		18.0
16	49.20	24.80	59.00		17.5
15	49.50	25.00	59.50	8	17.0
14	49.80	25.20	60.00		16.5
13	50.10	25.40	60.50		16.0

续表

分值	全场左右手运球见线折返/秒	全场综合多点传接球/秒	全场综合运球上篮/秒	0°，45°，90° 7步后退投篮/分	1分30秒自投自抢/%
12	50. 40	25. 60	61. 00		15. 5
11	50. 70	25. 80	61. 50	7	15. 0
10	51. 00	26. 00	62. 00		14. 5
9	51. 30	26. 20	63. 00		14. 0
8	51. 60	26. 40	64. 00		13. 5
7	51. 90	26. 60	65. 00	6	13. 0
6	52. 20	26. 80	66. 00		12. 5
5	52. 50	27. 00	67. 00		12. 0
4	53. 00	27. 50	68. 00	5	11. 5
3	53. 50	28. 00	69. 00		11. 0
2	54. 00	28. 50	70. 00		10. 5
1	54. 50	29. 00	71. 00	4	10. 0

附3－6　13～14 岁青少年女子篮球运动员技能考核成绩评分表

分值	全场左右手运球见线折返/秒	全场综合多点传接球/秒	全场综合运球上篮/秒	0°，45°，90° 5 步后退投篮/分	1 分钟自投自抢/%
100	32.00	17.00	36.00	40	58.0
99	32.50	17.20	37.00		57.5
98	33.00	17.40	38.00		57.0
97	33.50	17.60	39.00	39	56.5
96	34.00	17.80	40.00		56.0
95	34.50	18.00	41.00		55.5
94	35.00	18.10	42.00	38	55.0
93	35.30	18.20	43.00		54.5
92	35.60	18.30	44.00		54.0
91	35.90	18.40	45.00	37	53.5
90	36.20	18.50	45.50		53.0
89	36.50	18.60	46.00		52.5
88	36.80	18.70	46.50	36	52.0
87	37.00	18.80	47.00		51.5
86	37.20	18.90	47.50		51.0
85	37.40	19.00	48.00	35	50.5
84	37.60	19.10	48.50	34	50.0
83	37.80	19.20	49.00		49.5
82	38.00	19.30	49.50		49.0
81	38.20	19.40	50.00	33	48.5
80	38.40	19.50	50.20		48.0
79	38.60	19.60	50.40		47.5

续表

分值	全场左右手运球见线折返/秒	全场综合多点传接球/秒	全场综合运球上篮/秒	0°，45°，90° 5步后退投篮/分	1分钟自投自抢/%
78	38.80	19.70	50.60	32	47.0
77	39.00	19.80	50.80		46.5
76	39.20	19.90	51.00	31	46.0
75	39.40	20.00	51.20		45.5
74	39.60	20.10	51.40	30	45.0
73	39.80	20.20	51.60		44.5
72	40.00	20.30	51.80	29	44.0
71	40.20	20.40	52.00		43.5
70	40.40	20.50	52.20	28	43.0
69	40.60	20.60	52.40		42.5
68	40.80	20.70	52.60	27	42.0
67	41.00	20.80	52.80		41.5
66	41.20	20.90	53.00	26	41.0
65	41.40	21.00	53.20		40.5
64	41.60	21.05	53.40	25	40.0
63	41.80	21.10	53.60		39.5
62	42.00	21.15	53.80	24	39.0
61	42.10	21.20	54.00		38.5
60	42.20	21.25	54.20	23	38.0
59	42.30	21.30	54.40		37.5
58	42.40	21.35	54.60	22	37.0
57	42.50	21.40	54.80		36.5

续表

分值	全场左右手运球见线折返/秒	全场综合多点传接球/秒	全场综合运球上篮/秒	0°，45°，90° 5 步后退投篮/分	1 分钟自投自抢/%
56	42.60	21.45	55.00		36.0
55	42.70	21.50	55.20	21	35.5
54	42.80	21.60	55.40		35.0
53	42.90	21.70	55.60		34.5
52	43.00	21.80	55.80	20	34.0
51	43.10	21.90	56.00		33.5
50	43.20	22.00	56.30		33.0
49	43.30	22.10	56.60	19	32.5
48	43.40	22.20	56.90		32.0
47	43.50	22.30	57.20		31.5
46	43.60	22.40	57.50	18	31.0
45	43.70	22.50	57.80		30.5
44	43.80	22.60	58.10		30.0
43	43.90	22.70	58.40	17	29.5
42	44.00	22.80	58.70		29.0
41	44.20	22.90	59.00		28.5
40	44.40	23.00	59.30	16	28.0
39	44.60	23.10	59.60		27.5
38	44.80	23.20	59.90		27.0
37	45.00	23.30	60.20	15	26.5
36	45.20	23.40	60.50		26.0
35	45.40	23.50	60.80		25.5

续表

分值	全场左右手运球见线折返/秒	全场综合多点传接球/秒	全场综合运球上篮/秒	0°，45°，90° 5步后退投篮/分	1分钟自投自抢/%
34	45.60	23.60	61.10	14	25.0
33	45.80	23.70	61.40		24.5
32	46.00	23.80	61.70		24.0
31	46.20	23.90	62.00	13	23.5
30	46.40	24.00	62.30		23.0
29	46.60	24.20	62.60		22.5
28	46.80	24.40	62.90	12	22.0
27	47.00	24.60	63.20		21.5
26	47.20	24.80	63.50		21.0
25	47.40	25.00	63.80	11	20.5
24	47.60	25.20	64.10		20.0
23	47.80	25.40	64.40		19.5
22	48.00	25.60	64.70	10	19.0
21	48.30	25.80	65.00		18.5
20	48.60	26.00	65.30		18.0
19	48.90	26.20	65.60	9	17.5
18	49.20	26.40	65.90		17.0
17	49.50	26.60	66.20		16.5
16	49.80	26.80	66.50	8	16.0
15	50.10	27.00	66.80		15.5
14	50.40	27.20	67.10		15.0
13	50.70	27.40	67.40	7	14.5

续表

分值	全场左右手运球见线折返/秒	全场综合多点传接球/秒	全场综合运球上篮/秒	0°，45°，90° 5 步后退投篮/分	1 分钟自投自抢/%
12	51.00	27.60	67.70		14.0
11	51.30	27.80	68.00		13.5
10	51.60	28.00	68.50	6	13.0
9	51.90	28.30	69.00		12.5
8	52.20	28.60	69.50		12.0
7	52.50	28.90	70.00	5	11.5
6	53.00	29.20	70.50		11.0
5	53.50	29.50	71.00		10.5
4	54.00	30.00	71.50	4	10.0
3	54.50	30.50	72.00		9.5
2	55.00	31.00	72.50		9.0
1	55.50	31.50	73.00	3	8.5

附3－7　11～12岁青少年男子篮球运动员技能考核成绩评分表

分值	限制区滑步/秒	行进间运球捡网球/秒	半场移动传接球/秒	全场左右手运球见线折返/秒	左右手运球行进间高手、低手、双手投篮/秒	0°，45°，90° 5步后退投篮/分
100	14.20	5.30	21.00	32.00	35.00	36
99	14.40	5.40	21.30	32.50	36.00	
98	14.60	5.50	21.60	33.00	37.00	
97	14.80	5.60	21.90	33.50	38.00	35
96	14.90	5.70	22.20	34.00	39.00	
95	15.00	5.80	22.40	34.50	40.00	
94	15.10	5.90	22.60	35.00	40.50	34
93	15.20	6.00	22.80	35.30	41.00	
92	15.30	6.05	23.00	35.60	41.50	33
91	15.40	6.10	23.20	35.90	42.00	
90	15.50	6.15	23.40	36.20	42.50	32
89	15.60	6.20	23.60	36.50	43.00	
88	15.70	6.25	23.80	36.80	43.50	31
87	15.80	6.30	24.00	37.00	44.00	
86	15.90	6.35	24.20	37.20	44.50	30
85	16.00	6.40	24.40	37.40	45.00	
84	16.10	6.45	24.60	37.60	45.50	29
83	16.20	6.50	24.80	37.80	46.00	
82	16.30	6.55	25.00	38.00	46.30	28
81	16.40	6.60	25.30	38.20	46.60	
80	16.50	6.65	25.60	38.40	46.90	
79	16.55	6.70	25.90	38.60	47.20	27

续表

分值	限制区滑步/秒	行进间运球捡网球/秒	半场移动传接球/秒	全场左右手运球见线折返/秒	左右手运球行进间高手、低手、双手投篮/秒	0°，45°，90° 5步后退投篮/分
78	16.60	6.75	26.20	38.80	47.50	
77	16.65	6.80	26.50	39.00	47.80	
76	16.70	6.85	26.80	39.20	48.10	26
75	16.75	6.90	27.10	39.40	48.40	
74	16.80	6.95	27.40	39.60	48.70	
73	16.85	7.00	27.70	39.80	49.00	25
72	16.90	7.05	28.00	40.00	49.30	
71	16.95	7.10	28.30	40.20	49.60	
70	17.00	7.15	28.60	40.40	49.90	24
69	17.05	7.20	28.90	40.60	50.20	
68	17.10	7.25	29.20	40.80	50.50	
67	17.15	7.30	29.50	41.00	50.80	23
66	17.20	7.35	29.80	41.20	51.10	
65	17.25	7.40	30.10	41.40	51.40	
64	17.30	7.45	30.40	41.60	51.70	22
63	17.35	7.50	30.70	41.80	52.00	
62	17.40	7.55	31.00	42.00	52.30	
61	17.45	7.60	31.30	42.10	52.60	21
60	17.50	7.65	31.60	42.20	52.90	
59	17.55	7.70	31.90	42.30	53.20	
58	17.60	7.75	32.20	42.40	53.50	20
57	17.65	7.80	32.50	42.50	53.80	

续表

分值	限制区滑步/秒	行进间运球捡网球/秒	半场移动传接球/秒	全场左右手运球见线折返/秒	左右手运球行进间高手、低手、双手投篮/秒	0°，45°，90° 5步后退投篮/分
56	17.70	7.85	32.80	42.60	54.10	
55	17.75	7.90	33.10	42.70	54.40	19
54	17.80	7.95	33.40	42.80	54.70	
53	17.85	8.00	33.70	42.90	55.00	
52	17.90	8.05	34.00	43.00	55.30	18
51	17.95	8.10	34.30	43.10	55.60	
50	18.00	8.15	34.60	43.20	55.90	
49	18.05	8.20	34.90	43.30	56.20	17
48	18.10	8.25	35.20	43.40	56.50	
47	18.15	8.30	35.50	43.50	56.80	
46	18.20	8.35	35.80	43.60	57.10	16
45	18.25	8.40	36.10	43.70	57.40	
44	18.30	8.45	36.40	43.80	57.70	
43	18.35	8.50	36.70	43.90	58.00	15
42	18.40	8.55	37.00	44.00	58.40	
41	18.45	8.60	37.30	44.20	58.80	
40	18.50	8.65	37.60	44.40	59.20	14
39	18.55	8.70	37.90	44.60	59.60	
38	18.60	8.75	38.20	44.80	60.00	
37	18.65	8.80	38.50	45.00	60.40	13
36	18.70	8.85	38.80	45.20	60.80	
35	18.75	8.90	39.10	45.40	61.20	

续表

分值	限制区滑步/秒	行进间运球捡网球/秒	半场移动传接球/秒	全场左右手运球见线折返/秒	左右手运球行进间高手、低手、双手投篮/秒	0°，45°，90° 5步后退投篮/分
34	18.80	8.95	39.40	45.60	61.60	12
33	18.85	9.00	39.70	45.80	62.00	
32	18.90	9.05	40.00	46.00	62.40	
31	18.95	9.10	40.30	46.20	62.80	11
30	19.00	9.15	40.60	46.40	63.20	
29	19.10	9.20	40.90	46.60	63.60	
28	19.20	9.25	41.20	46.80	64.00	10
27	19.30	9.30	41.50	47.00	64.40	
26	19.40	9.35	41.80	47.20	64.80	
25	19.50	9.40	42.10	47.40	65.20	9
24	19.60	9.45	42.40	47.60	65.60	
23	19.70	9.50	42.70	47.80	66.00	
22	19.80	9.60	43.00	48.00	66.40	8
21	19.90	9.70	43.40	48.30	66.80	
20	20.00	9.80	43.80	48.60	67.20	
19	20.10	9.90	44.20	48.90	67.60	7
18	20.20	10.00	44.60	49.20	68.00	
17	20.30	10.10	45.00	49.50	68.50	
16	20.40	10.20	45.40	49.80	69.00	6
15	20.50	10.30	45.80	50.10	69.50	
14	20.60	10.40	46.20	50.40	70.00	
13	20.70	10.50	46.60	50.70	70.50	5

续表

分值	限制区滑步/秒	行进间运球捡网球/秒	半场移动传接球/秒	全场左右手运球见线折返/秒	左右手运球行进间高手、低手、双手投篮/秒	0°，45°，90° 5步后退投篮/分
12	21.00	10.60	47.00	51.00	71.00	
11	21.30	10.70	47.50	51.30	71.50	
10	21.60	10.80	48.00	51.60	72.00	4
9	21.90	10.90	48.50	51.90	72.50	
8	22.20	11.00	49.00	52.20	73.00	
7	22.50	11.20	49.50	52.50	73.50	3
6	22.80	11.40	50.00	53.00	74.00	
5	23.10	11.60	51.00	53.50	75.00	
4	23.40	11.80	52.00	54.00	76.00	2
3	23.70	12.00	53.00	54.50	77.00	
2	24.00	12.20	54.00	55.00	78.00	
1	24.30	12.40	55.00	55.50	79.00	1

附3-8 11~12岁青少年女子篮球运动员技能考核成绩评分表

分值	限制区滑步/秒	行进间运球捡网球/秒	半场移动传接球/秒	全场左右手运球见线折返/秒	左右手运球行进间高手、低手、双手投篮/秒	0°，45°，90° 5步后退投篮/分
100	14.50	5.40	22.00	33.00	36.00	36
99	14.70	5.50	22.20	33.50	37.00	
98	14.90	5.60	22.40	34.00	38.00	
97	15.00	5.70	22.60	34.50	39.00	35
96	15.10	5.80	22.80	35.00	40.00	
95	15.20	5.85	23.00	35.30	40.50	
94	15.30	5.90	23.20	35.60	41.00	34
93	15.40	5.95	23.40	35.90	41.50	
92	15.50	6.00	23.60	36.20	42.00	33
91	15.60	6.05	23.80	36.50	42.50	
90	15.70	6.10	24.00	36.80	43.00	32
89	15.80	6.15	24.20	37.00	43.50	
88	15.90	6.20	24.40	37.20	44.00	31
87	16.00	6.25	24.60	37.40	44.50	
86	16.10	6.30	24.80	37.60	45.00	30
85	16.20	6.35	25.00	37.80	45.50	
84	16.30	6.40	25.30	38.00	46.00	29
83	16.40	6.45	25.60	38.20	46.30	
82	16.50	6.50	25.90	38.40	46.60	28
81	16.55	6.55	26.20	38.60	46.90	
80	16.60	6.60	26.50	38.80	47.20	
79	16.65	6.65	26.80	39.00	47.50	27

续表

分值	限制区滑步/秒	行进间运球捡网球/秒	半场移动传接球/秒	全场左右手运球见线折返/秒	左右手运球行进间高手、低手、双手投篮/秒	0°，45°，90° 5步后退投篮/分
78	16.70	6.70	27.10	39.20	47.80	
77	16.75	6.75	27.40	39.40	48.10	
76	16.80	6.80	27.70	39.60	48.40	26
75	16.85	6.85	28.00	39.80	48.70	
74	16.90	6.90	28.30	40.00	49.00	
73	16.95	6.95	28.60	40.20	49.30	25
72	17.00	7.00	28.90	40.40	49.60	
71	17.05	7.05	29.20	40.60	49.90	
70	17.10	7.10	29.50	40.80	50.20	24
69	17.15	7.15	29.80	41.00	50.50	
68	17.20	7.20	30.10	41.20	50.80	
67	17.25	7.25	30.40	41.40	51.10	23
66	17.30	7.30	30.70	41.60	51.40	
65	17.35	7.35	31.00	41.80	51.70	
64	17.40	7.40	31.30	42.00	52.00	22
63	17.45	7.45	31.60	42.10	52.30	
62	17.50	7.50	31.90	42.20	52.60	
61	17.55	7.55	32.20	42.30	52.90	21
60	17.60	7.60	32.50	42.40	53.20	
59	17.65	7.65	32.80	42.50	53.50	
58	17.70	7.70	33.10	42.60	53.80	20
57	17.75	7.75	33.40	42.70	54.10	

续表

分值	限制区滑步/秒	行进间运球捡网球/秒	半场移动传接球/秒	全场左右手运球见线折返/秒	左右手运球行进间高手、低手、双手投篮/秒	0°，45°，90° 5 步后退投篮/分
56	17.80	7.80	33.70	42.80	54.40	
55	17.85	7.85	34.00	42.90	54.70	19
54	17.90	7.90	34.30	43.00	55.00	
53	17.95	7.95	34.60	43.10	55.30	
52	18.00	8.00	34.90	43.20	55.60	18
51	18.05	8.05	35.20	43.30	55.90	
50	18.10	8.10	35.50	43.40	56.20	
49	18.15	8.15	35.80	43.50	56.50	17
48	18.20	8.20	36.10	43.60	56.80	
47	18.25	8.25	36.40	43.70	57.10	
46	18.30	8.30	36.70	43.80	57.40	16
45	18.35	8.35	37.00	43.90	57.70	
44	18.40	8.40	37.30	44.00	58.00	
43	18.45	8.45	37.60	44.20	58.40	15
42	18.50	8.50	37.90	44.40	58.80	
41	18.55	8.60	38.20	44.60	59.20	
40	18.60	8.70	38.50	44.80	59.60	14
39	18.65	8.80	38.80	45.00	60.00	
38	18.70	8.90	39.10	45.20	60.40	
37	18.75	9.00	39.40	45.40	60.80	13
36	18.80	9.10	39.70	45.60	61.20	
35	18.85	9.20	40.00	45.80	61.60	

续表

分值	限制区滑步/秒	行进间运球捡网球/秒	半场移动传接球/秒	全场左右手运球见线折返/秒	左右手运球行进间高手、低手、双手投篮/秒	0°，45°，90° 5步后退投篮/分
34	18.90	9.30	40.30	46.00	62.00	12
33	18.95	9.40	40.60	46.20	62.40	
32	19.00	9.50	40.90	46.40	62.80	
31	19.10	9.60	41.20	46.60	63.20	11
30	19.20	9.70	41.50	46.80	63.60	
29	19.30	9.80	41.80	47.00	64.00	
28	19.40	9.90	42.10	47.20	64.40	10
27	19.50	10.00	42.40	47.40	64.80	
26	19.60	10.10	42.70	47.60	65.20	
25	19.70	10.20	43.00	47.80	65.60	9
24	19.80	10.30	43.40	48.00	66.00	
23	19.90	10.40	43.80	48.30	66.40	
22	20.00	10.50	44.20	48.60	66.80	8
21	20.20	10.60	44.60	48.90	67.20	
20	20.40	10.70	45.00	49.20	67.60	
19	20.60	10.80	45.40	49.50	68.00	7
18	20.80	10.90	45.80	49.80	68.50	
17	21.00	11.00	46.20	50.10	69.00	
16	21.20	11.10	46.60	50.40	69.50	6
15	21.40	11.20	47.00	50.70	70.00	
14	21.60	11.30	47.50	51.00	70.50	
13	21.80	11.40	48.00	51.30	71.00	5

续表

分值	限制区滑步/秒	行进间运球捡网球/秒	半场移动传接球/秒	全场左右手运球见线折返/秒	左右手运球行进间高手、低手、双手投篮/秒	0°，45°，90° 5步后退投篮/分
12	22.00	11.50	48.50	51.60	71.50	
11	22.40	11.60	49.00	51.90	72.00	
10	22.80	11.70	49.50	52.20	72.50	4
9	23.20	11.80	50.00	52.50	73.00	
8	23.60	11.90	51.00	53.00	73.50	
7	24.00	12.00	52.00	53.50	74.00	3
6	24.50	12.10	53.00	54.00	75.00	
5	25.00	12.20	54.00	54.50	76.00	
4	25.50	12.30	55.00	55.00	77.00	2
3	26.00	12.40	56.00	55.50	78.00	
2	26.50	12.50	57.00	56.00	79.00	
1	27.00	12.60	58.00	56.50	80.00	1

附3－9　9～10岁青少年男子篮球运动员技能考核成绩评分表

分值	限制区滑步/秒	行进间运球捡网球/秒	半场移动传接球/秒	半场左右手运球见线折返/秒	左右手运球行进间高手、低手、双手投篮/秒
100	14.50	6.00	11.60	11.80	38.00
99	14.70	6.20	11.80	12.00	39.00
98	14.90	6.40	12.00	12.10	40.00
97	15.10	6.60	12.10	12.20	40.50
96	15.30	6.80	12.20	12.30	41.00
95	15.40	6.90	12.30	12.40	41.50
94	15.50	7.00	12.40	12.50	42.00
93	15.60	7.10	12.50	12.60	42.50
92	15.70	7.20	12.55	12.70	43.00
91	15.80	7.30	12.60	12.80	43.50
90	15.90	7.40	12.65	12.90	44.00
89	16.00	7.50	12.70	13.00	44.50
88	16.10	7.60	12.75	13.10	45.00
87	16.20	7.70	12.80	13.20	45.50
86	16.30	7.80	12.85	13.30	46.00
85	16.40	7.90	12.90	13.40	46.30
84	16.50	8.00	12.95	13.50	46.60
83	16.60	8.05	13.00	13.60	46.90
82	16.70	8.10	13.05	13.70	47.20
81	16.80	8.15	13.10	13.80	47.50
80	16.90	8.20	13.15	13.90	47.80
79	17.00	8.25	13.20	14.00	48.10
78	17.10	8.30	13.25	14.10	48.40

续表

分值	限制区滑步/秒	行进间运球捡网球/秒	半场移动传接球/秒	半场左右手运球见线折返/秒	左右手运球行进间高手、低手、双手投篮/秒
77	17.20	8.35	13.30	14.20	48.70
76	17.30	8.40	13.35	14.30	49.00
75	17.40	8.45	13.40	14.40	49.30
74	17.50	8.50	13.45	14.50	49.60
73	17.60	8.55	13.50	14.60	49.90
72	17.70	8.60	13.55	14.70	50.20
71	17.80	8.65	13.60	14.80	50.50
70	17.90	8.70	13.65	14.90	50.80
69	18.00	8.75	13.70	15.00	51.10
68	18.10	8.80	13.75	15.10	51.40
67	18.20	8.85	13.80	15.20	51.70
66	18.30	8.90	13.85	15.30	52.00
65	18.40	8.95	13.90	15.40	52.30
64	18.50	9.00	13.95	15.50	52.60
63	18.60	9.05	14.00	15.60	52.90
62	18.70	9.10	14.05	15.70	53.20
61	18.80	9.15	14.10	15.80	53.50
60	18.90	9.20	14.15	15.90	53.80
59	19.00	9.25	14.20	16.00	54.10
58	19.10	9.30	14.25	16.10	54.40
57	19.20	9.35	14.30	16.20	54.70
56	19.30	9.40	14.35	16.30	55.00
55	19.40	9.45	14.40	16.40	55.30

续表

分值	限制区滑步/秒	行进间运球捡网球/秒	半场移动传接球/秒	半场左右手运球见线折返/秒	左右手运球行进间高手、低手、双手投篮/秒
54	19.50	9.50	14.45	16.50	55.60
53	19.60	9.55	14.50	16.60	55.90
52	19.70	9.60	14.55	16.70	56.20
51	19.80	9.65	14.60	16.80	56.50
50	19.90	9.70	14.65	16.90	56.80
49	20.00	9.75	14.70	17.00	57.10
48	20.10	9.80	14.75	17.10	57.40
47	20.20	9.85	14.80	17.20	57.70
46	20.30	9.90	14.85	17.30	58.00
45	20.40	9.95	14.90	17.40	58.40
44	20.50	10.00	14.95	17.50	58.80
43	20.60	10.05	15.00	17.60	59.20
42	20.70	10.10	15.10	17.70	59.60
41	20.80	10.15	15.20	17.80	60.00
40	20.90	10.20	15.30	17.90	60.40
39	21.00	10.25	15.40	18.00	60.80
38	21.20	10.30	15.50	18.10	61.20
37	21.40	10.35	15.60	18.20	61.60
36	21.60	10.40	15.70	18.30	62.00
35	21.80	10.45	15.80	18.40	62.40
34	22.00	10.50	15.90	18.50	62.80
33	22.20	10.55	16.00	18.60	63.20
32	22.40	10.60	16.10	18.70	63.60

续表

分值	限制区滑步/秒	行进间运球捡网球/秒	半场移动传接球/秒	半场左右手运球见线折返/秒	左右手运球行进间高手、低手、双手投篮/秒
31	22.60	10.65	16.20	18.80	64.00
30	22.80	10.70	16.30	18.90	64.40
29	23.00	10.75	16.40	19.00	64.80
28	23.20	10.80	16.50	19.10	65.20
27	23.40	10.85	16.60	19.20	65.60
26	23.60	10.90	16.70	19.30	66.00
25	23.80	10.95	16.80	19.40	66.40
24	24.00	11.00	16.90	19.50	66.80
23	24.30	11.05	17.00	19.60	67.20
22	24.60	11.10	17.20	19.70	67.60
21	24.90	11.15	17.40	19.80	68.00
20	25.20	11.20	17.60	19.90	68.50
19	25.50	11.25	17.80	20.00	69.00
18	25.80	11.30	18.00	20.10	69.50
17	26.10	11.35	18.30	20.20	70.00
16	26.40	11.40	18.60	20.30	70.50
15	26.70	11.45	18.90	20.40	71.00
14	27.00	11.50	19.20	20.50	71.50
13	27.30	11.60	19.50	20.60	72.00
12	27.60	11.70	20.00	20.80	72.50
11	27.90	11.80	20.50	21.00	73.00
10	28.20	11.90	21.00	21.20	73.50
9	28.50	12.00	21.50	21.40	74.00

续表

分值	限制区滑步/秒	行进间运球捡网球/秒	半场移动传接球/秒	半场左右手运球见线折返/秒	左右手运球行进间高手、低手、双手投篮/秒
8	28. 80	12. 10	22. 00	21. 60	75. 00
7	29. 10	12. 20	22. 50	21. 80	76. 00
6	29. 40	12. 30	23. 00	22. 00	77. 00
5	29. 70	12. 40	23. 50	22. 20	78. 00
4	30. 00	12. 50	24. 00	22. 40	79. 00
3	30. 30	12. 60	25. 00	22. 60	80. 00
2	30. 60	12. 70	26. 00	22. 80	81. 00
1	31. 00	12. 80	27. 00	23. 00	82. 00

附3－10　9～10岁青少年女子篮球运动员技能考核成绩评分表

分值	限制区滑步/秒	行进间运球捡网球/秒	半场移动传接球/秒	半场左右手运球见线折返/秒	左右手运球行进间高手、低手、双手投篮/秒
100	14.60	6.00	11.60	11.80	39.00
99	14.80	6.20	11.80	12.00	40.00
98	15.00	6.40	12.00	12.10	41.00
97	15.10	6.60	12.10	12.20	41.50
96	15.20	6.80	12.20	12.30	42.00
95	15.30	6.90	12.30	12.40	42.50
94	15.40	7.00	12.40	12.50	43.00
93	15.50	7.10	12.50	12.60	43.50
92	15.60	7.20	12.55	12.70	44.00
91	15.70	7.30	12.60	12.80	44.50
90	15.80	7.40	12.65	12.90	45.00
89	15.90	7.50	12.70	13.00	45.50
88	16.00	7.60	12.75	13.10	46.00
87	16.10	7.70	12.80	13.20	46.30
86	16.20	7.80	12.85	13.30	46.60
85	16.30	7.90	12.90	13.40	46.90
84	16.40	8.00	12.95	13.50	47.20
83	16.50	8.05	13.00	13.60	47.50
82	16.60	8.10	13.05	13.70	47.80
81	16.70	8.15	13.10	13.80	48.10
80	16.80	8.20	13.15	13.90	48.40
79	16.90	8.25	13.20	14.00	48.70
78	17.00	8.30	13.25	14.10	49.00

续表

分值	限制区滑步/秒	行进间运球捡网球/秒	半场移动传接球/秒	半场左右手运球见线折返/秒	左右手运球行进间高手、低手、双手投篮/秒
77	17.10	8.35	13.30	14.20	49.30
76	17.20	8.40	13.35	14.30	49.60
75	17.30	8.45	13.40	14.40	49.90
74	17.40	8.50	13.45	14.50	50.20
73	17.50	8.55	13.50	14.60	50.50
72	17.60	8.60	13.55	14.70	50.80
71	17.70	8.65	13.60	14.80	51.10
70	17.80	8.70	13.65	14.90	51.40
69	17.90	8.75	13.70	15.00	51.70
68	18.00	8.80	13.75	15.10	52.00
67	18.05	8.85	13.80	15.20	52.30
66	18.10	8.90	13.85	15.30	52.60
65	18.15	8.95	13.90	15.40	52.90
64	18.20	9.00	13.95	15.50	53.20
63	18.25	9.05	14.00	15.60	53.50
62	18.30	9.10	14.05	15.70	53.80
61	18.35	9.15	14.10	15.80	54.10
60	18.40	9.20	14.15	15.90	54.40
59	18.45	9.25	14.20	16.00	54.70
58	18.50	9.30	14.25	16.10	55.00
57	18.55	9.35	14.30	16.20	55.30
56	18.60	9.40	14.35	16.30	55.60
55	18.65	9.45	14.40	16.40	55.90

续表

分值	限制区滑步/秒	行进间运球捡网球/秒	半场移动传接球/秒	半场左右手运球见线折返/秒	左右手运球行进间高手、低手、双手投篮/秒
54	18.70	9.50	14.45	16.50	56.20
53	18.75	9.55	14.50	16.60	56.50
52	18.80	9.60	14.55	16.70	56.80
51	18.85	9.65	14.60	16.80	57.10
50	18.90	9.70	14.65	16.90	57.40
49	18.95	9.75	14.70	17.00	57.70
48	19.00	9.80	14.75	17.10	58.00
47	19.05	9.85	14.80	17.20	58.40
46	19.10	9.90	14.85	17.30	58.80
45	19.15	9.95	14.90	17.40	59.20
44	19.20	10.00	14.95	17.50	59.60
43	19.25	10.05	15.00	17.60	60.00
42	19.30	10.10	15.10	17.70	60.40
41	19.35	10.15	15.20	17.80	60.80
40	19.40	10.20	15.30	17.90	61.20
39	19.45	10.25	15.40	18.00	61.60
38	19.50	10.30	15.50	18.10	62.00
37	19.60	10.35	15.60	18.20	62.40
36	19.70	10.40	15.70	18.30	62.80
35	19.80	10.45	15.80	18.40	63.20
34	19.90	10.50	15.90	18.50	63.60
33	20.00	10.55	16.00	18.60	64.00
32	20.20	10.60	16.10	18.70	64.40

续表

分值	限制区滑步/秒	行进间运球捡网球/秒	半场移动传接球/秒	半场左右手运球见线折返/秒	左右手运球行进间高手、低手、双手投篮/秒
31	20.40	10.65	16.20	18.80	64.80
30	20.60	10.70	16.30	18.90	65.20
29	20.80	10.75	16.40	19.00	65.60
28	21.00	10.80	16.50	19.10	66.00
27	21.20	10.85	16.60	19.20	66.40
26	21.40	10.90	16.70	19.30	66.80
25	21.60	10.95	16.80	19.40	67.20
24	21.80	11.00	16.90	19.50	67.60
23	22.00	11.05	17.00	19.60	68.00
22	22.30	11.10	17.20	19.70	68.50
21	22.60	11.15	17.40	19.80	69.00
20	22.90	11.20	17.60	19.90	69.50
19	23.20	11.25	17.80	20.00	70.00
18	23.50	11.30	18.00	20.10	70.50
17	24.00	11.35	18.30	20.20	71.00
16	24.50	11.40	18.60	20.30	71.50
15	25.00	11.45	18.90	20.40	72.00
14	25.50	11.50	19.20	20.50	72.50
13	26.00	11.60	19.50	20.60	73.00
12	26.50	11.70	20.00	20.80	73.50
11	27.00	11.80	20.50	21.00	74.00
10	27.50	11.90	21.00	21.20	74.50
9	28.00	12.00	21.50	21.40	75.00

续表

分值	限制区滑步/秒	行进间运球捡网球/秒	半场移动传接球/秒	半场左右手运球见线折返/秒	左右手运球行进间高手、低手、双手投篮/秒
8	28.50	12.10	22.00	21.60	76.00
7	29.00	12.20	22.50	21.80	77.00
6	29.50	12.30	23.00	22.00	78.00
5	30.00	12.40	23.50	22.20	79.00
4	30.50	12.50	24.00	22.40	80.00
3	31.00	12.60	25.00	22.60	81.00
2	31.50	12.70	26.00	22.80	82.00
1	32.00	12.80	27.00	23.00	83.00

附3－11　7～8岁青少年男子篮球运动员技能考核成绩评分表

分值	限制区滑步/秒	单手十字移动运球/秒	行进间运球捡网球/秒	半场移动传接球/秒	左右手运球行进间高手、双手投篮/秒
100	16.00	15.30	15.00	12.50	45.00
99	16.20	15.50	15.30	12.55	46.00
98	16.40	15.70	15.60	12.60	47.00
97	16.60	15.90	15.90	12.65	48.00
96	16.80	16.10	16.20	12.70	49.00
95	17.00	16.30	16.50	12.75	50.00
94	17.20	16.50	16.80	12.80	51.00
93	17.40	16.70	17.00	12.85	52.00
92	17.60	16.90	17.20	12.90	53.00
91	17.80	17.00	17.40	12.95	54.00
90	18.00	17.10	17.60	13.00	55.00
89	18.10	17.20	17.80	13.05	55.50
88	18.20	17.30	18.00	13.10	56.00
87	18.30	17.40	18.20	13.15	56.50
86	18.40	17.50	18.40	13.20	57.00
85	18.50	17.60	18.60	13.25	57.50
84	18.60	17.70	18.80	13.30	58.00
83	18.70	17.80	19.00	13.35	58.50
82	18.80	17.90	19.20	13.40	59.00
81	18.90	18.00	19.40	13.45	59.50
80	19.00	18.10	19.50	13.50	60.00
79	19.10	18.20	19.60	13.55	60.50
78	19.20	18.30	19.70	13.60	61.00

续表

分值	限制区滑步/秒	单手十字移动运球/秒	行进间运球捡网球/秒	半场移动传接球/秒	左右手运球行进间高手、双手投篮/秒
77	19.30	18.40	19.80	13.65	61.50
76	19.40	18.50	19.90	13.70	62.00
75	19.50	18.60	20.00	13.75	62.50
74	19.60	18.70	20.10	13.80	63.00
73	19.70	18.80	20.20	13.85	63.50
72	19.80	18.90	20.30	13.90	64.00
71	19.90	19.00	20.40	13.95	64.50
70	20.00	19.10	20.50	14.00	65.00
69	20.10	19.20	20.60	14.05	65.50
68	20.20	19.30	20.70	14.10	66.00
67	20.30	19.40	20.80	14.15	66.50
66	20.40	19.50	20.90	14.20	67.00
65	20.50	19.60	21.00	14.25	67.50
64	20.60	19.70	21.10	14.30	68.00
63	20.70	19.80	21.20	14.35	68.50
62	20.80	19.90	21.30	14.40	69.00
61	20.90	20.00	21.40	14.45	69.50
60	21.00	20.10	21.50	14.50	70.00
59	21.10	20.20	21.60	14.55	70.50
58	21.20	20.30	21.70	14.60	71.00
57	21.30	20.40	21.80	14.65	71.50
56	21.40	20.50	21.90	14.70	72.00
55	21.50	20.60	22.00	14.75	72.50

续表

分值	限制区滑步/秒	单手十字移动运球/秒	行进间运球捡网球/秒	半场移动传接球/秒	左右手运球行进间高手、双手投篮/秒
54	21.60	20.70	22.10	14.80	73.00
53	21.70	20.80	22.20	14.85	73.50
52	21.80	20.90	22.30	14.90	74.00
51	21.90	21.00	22.40	14.95	74.50
50	22.00	21.10	22.50	15.00	75.00
49	22.10	21.20	22.60	15.10	75.50
48	22.20	21.30	22.70	15.20	76.00
47	22.30	21.40	22.80	15.30	76.50
46	22.40	21.50	22.90	15.40	77.00
45	22.50	21.60	23.00	15.50	77.50
44	22.60	21.70	23.10	15.60	78.00
43	22.70	21.80	23.20	15.70	78.50
42	22.80	21.90	23.30	15.80	79.00
41	22.90	22.00	23.40	15.90	79.50
40	23.00	22.10	23.50	16.00	80.00
39	23.20	22.20	23.60	16.10	80.50
38	23.40	22.30	23.70	16.20	81.00
37	23.60	22.40	23.80	16.30	81.50
36	23.80	22.50	23.90	16.40	82.00
35	24.00	22.60	24.00	16.50	82.50
34	24.20	22.70	24.20	16.60	83.00
33	24.40	22.80	24.40	16.70	83.50
32	24.60	22.90	24.60	16.80	84.00

续表

分值	限制区滑步/秒	单手十字移动运球/秒	行进间运球捡网球/秒	半场移动传接球/秒	左右手运球行进间高手、双手投篮/秒
31	24. 80	23. 00	24. 80	16. 90	84. 50
30	25. 00	23. 20	25. 00	17. 00	85. 00
29	25. 20	23. 40	25. 20	17. 20	85. 50
28	25. 40	23. 60	25. 40	17. 40	86. 00
27	25. 60	23. 80	25. 60	17. 60	86. 50
26	25. 80	24. 00	25. 80	17. 80	87. 00
25	26. 00	24. 20	26. 00	18. 00	87. 50
24	26. 20	24. 40	26. 20	18. 20	88. 00
23	26. 40	24. 60	26. 40	18. 40	88. 50
22	26. 60	24. 80	26. 60	18. 70	89. 00
21	26. 80	25. 00	26. 80	19. 00	89. 50
20	27. 00	25. 20	27. 00	19. 30	90. 00
19	27. 20	25. 40	27. 20	19. 60	90. 50
18	27. 40	25. 60	27. 40	19. 90	91. 00
17	27. 60	25. 80	27. 60	20. 20	91. 50
16	27. 80	26. 00	27. 80	20. 50	92. 00
15	28. 00	26. 20	28. 00	21. 00	92. 50
14	28. 30	26. 40	28. 20	21. 50	93. 00
13	28. 60	26. 60	28. 40	22. 00	93. 50
12	28. 90	26. 80	28. 70	22. 50	94. 00
11	29. 20	27. 00	29. 00	23. 00	94. 50
10	29. 50	27. 20	29. 30	23. 50	95. 00
9	29. 80	27. 40	29. 60	24. 00	95. 50

续表

分值	限制区滑步/秒	单手十字移动运球/秒	行进间运球捡网球/秒	半场移动传接球/秒	左右手运球行进间高手、双手投篮/秒
8	30.20	27.60	29.90	25.00	96.00
7	30.60	27.80	30.20	26.00	96.50
6	31.00	28.00	30.50	27.00	97.00
5	31.40	28.20	30.80	28.00	97.50
4	31.80	28.40	31.10	29.00	98.00
3	32.20	28.60	31.40	30.00	98.50
2	32.60	28.80	31.70	31.00	99.00
1	33.00	29.00	32.00	32.00	100.00

附 3－12　7～8 岁青少年女子篮球技能考核成绩评分表

分值	限制区滑步/秒	单手十字移动运球/秒	行进间运球捡网球/秒	半场移动传接球/秒	左右手运球行进间高手、双手投篮/秒
100	16.00	15.50	16.00	12.50	45.00
99	16.20	15.80	16.50	12.55	46.00
98	16.40	16.10	17.00	12.60	47.00
97	16.60	16.40	17.30	12.65	48.00
96	16.80	16.70	17.60	12.70	49.00
95	17.00	17.00	17.90	12.75	50.00
94	17.20	17.20	18.20	12.80	51.00
93	17.40	17.40	18.50	12.85	52.00
92	17.60	17.60	18.80	12.90	53.00
91	17.80	17.80	19.00	12.95	54.00
90	18.00	18.00	19.20	13.00	55.00
89	18.10	18.20	19.40	13.05	55.50
88	18.20	18.40	19.60	13.10	56.00
87	18.30	18.60	19.80	13.15	56.50
86	18.40	18.80	20.00	13.20	57.00
85	18.50	19.00	20.10	13.25	57.50
84	18.60	19.20	20.20	13.30	58.00
83	18.70	19.40	20.30	13.35	58.50
82	18.80	19.60	20.40	13.40	59.00
81	18.90	19.80	20.50	13.45	59.50
80	19.00	20.00	20.60	13.50	60.00
79	19.10	20.20	20.70	13.55	60.50
78	19.20	20.40	20.80	13.60	61.00

续表

分值	限制区滑步/秒	单手十字移动运球/秒	行进间运球捡网球/秒	半场移动传接球/秒	左右手运球行进间高手、双手投篮/秒
77	19. 30	20. 60	20. 90	13. 65	61. 50
76	19. 40	20. 80	21. 00	13. 70	62. 00
75	19. 50	21. 00	21. 10	13. 75	62. 50
74	19. 60	21. 20	21. 20	13. 80	63. 00
73	19. 70	21. 40	21. 30	13. 85	63. 50
72	19. 80	21. 60	21. 40	13. 90	64. 00
71	19. 90	21. 80	21. 50	13. 95	64. 50
70	20. 00	22. 00	21. 60	14. 00	65. 00
69	20. 10	22. 20	21. 70	14. 05	65. 50
68	20. 20	22. 40	21. 80	14. 10	66. 00
67	20. 30	22. 60	21. 90	14. 15	66. 50
66	20. 40	22. 80	22. 00	14. 20	67. 00
65	20. 50	23. 00	22. 10	14. 25	67. 50
64	20. 60	23. 20	22. 20	14. 30	68. 00
63	20. 70	23. 40	22. 30	14. 35	68. 50
62	20. 80	23. 60	22. 40	14. 40	69. 00
61	20. 90	23. 80	22. 50	14. 45	69. 50
60	21. 00	24. 00	22. 60	14. 50	70. 00
59	21. 10	24. 20	22. 70	14. 55	70. 50
58	21. 20	24. 40	22. 80	14. 60	71. 00
57	21. 30	24. 60	22. 90	14. 65	71. 50
56	21. 40	24. 80	23. 00	14. 70	72. 00
55	21. 50	25. 00	23. 10	14. 75	72. 50

续表

分值	限制区滑步/秒	单手十字移动运球/秒	行进间运球捡网球/秒	半场移动传接球/秒	左右手运球行进间高手、双手投篮/秒
54	21.60	25.10	23.20	14.80	73.00
53	21.70	25.20	23.30	14.85	73.50
52	21.80	25.30	23.40	14.90	74.00
51	21.90	25.40	23.50	14.95	74.50
50	22.00	25.50	23.60	15.00	75.00
49	22.10	25.60	23.70	15.10	75.50
48	22.20	25.70	23.80	15.20	76.00
47	22.30	25.80	23.90	15.30	76.50
46	22.40	25.90	24.00	15.40	77.00
45	22.50	26.00	24.10	15.50	77.50
44	22.60	26.10	24.20	15.60	78.00
43	22.70	26.20	24.30	15.70	78.50
42	22.80	26.30	24.40	15.80	79.00
41	22.90	26.40	24.50	15.90	79.50
40	23.00	26.50	24.60	16.00	80.00
39	23.20	26.60	24.70	16.10	80.50
38	23.40	26.70	24.80	16.20	81.00
37	23.60	26.80	24.90	16.30	81.50
36	23.80	26.90	25.00	16.40	82.00
35	24.00	27.00	25.20	16.50	82.50
34	24.20	27.10	25.40	16.60	83.00
33	24.40	27.20	25.60	16.70	83.50
32	24.60	27.30	25.80	16.80	84.00

续表

分值	限制区滑步/秒	单手十字移动运球/秒	行进间运球捡网球/秒	半场移动传接球/秒	左右手运球行进间高手、双手投篮/秒
31	24.80	27.40	26.00	16.90	84.50
30	25.00	27.50	26.20	17.00	85.00
29	25.20	27.60	26.40	17.20	85.50
28	25.40	27.70	26.60	17.40	86.00
27	25.60	27.80	26.80	17.60	86.50
26	25.80	27.90	27.00	17.80	87.00
25	26.00	28.00	27.20	18.00	87.50
24	26.20	28.10	27.40	18.20	88.00
23	26.40	28.20	27.60	18.40	88.50
22	26.60	28.30	27.80	18.70	89.00
21	26.80	28.40	28.00	19.00	89.50
20	27.00	28.50	28.20	19.30	90.00
19	27.20	28.60	28.40	19.60	90.50
18	27.40	28.70	28.60	19.90	91.00
17	27.60	28.80	28.80	20.20	91.50
16	27.80	28.90	29.00	20.50	92.00
15	28.00	29.00	29.30	21.00	92.50
14	28.30	29.10	29.60	21.50	93.00
13	28.60	29.20	29.90	22.00	93.50
12	28.90	29.30	30.20	22.50	94.00
11	29.20	29.40	30.50	23.00	94.50
10	29.50	29.50	30.80	23.50	95.00
9	29.80	29.60	31.10	24.00	95.50

续表

分值	限制区滑步/秒	单手十字移动运球/秒	行进间运球捡网球/秒	半场移动传接球/秒	左右手运球行进间高手、双手投篮/秒
8	30.20	29.70	31.40	25.00	96.00
7	30.60	29.80	31.70	26.00	96.50
6	31.00	29.90	32.00	27.00	97.00
5	31.40	30.00	32.30	28.00	97.50
4	31.80	30.10	32.60	29.00	98.00
3	32.20	30.20	32.90	30.00	98.50
2	32.60	30.30	33.20	31.00	99.00
1	33.00	30.40	33.50	32.00	100.00